【苏州文化丛书】

千年阊门

卢群 著

苏州大学出版社

图书在版编目(CIP)数据

千年阊门/卢群著. —苏州：苏州大学出版社，
2000.8(2022.7重印)
（苏州文化丛书/高福民，高敏主编）
ISBN 978-7-81037-697-6

Ⅰ. 千… Ⅱ. ①卢… Ⅲ. 商业区-概况-江苏－苏州市
Ⅳ. K295.33

中国版本图书馆 CIP 数据核字(2000)第 41602 号

千 年 阊 门		卢　群　著
责任编辑	徐启彤	责任校对　刘　海

出版发行	苏州大学出版社 （苏州市十梓街1号　215006）
经　　销	江苏省新华书店
印　　刷	丹阳兴华印务有限公司 （丹阳市胡桥镇　212313）
开　　本	850mm×1 168mm　1/32
字　　数	156 千字
印　　张	6.375
版　　次	2000 年 8 月第 1 版　2022 年 7 月第 4 次印刷
印　　数	10 501 – 11 500 册
标准书号	ISBN 978-7-81037-697-6
定　　价	19.00 元

《苏州文化丛书》编委会

主　编　高福民　高　敏

编　委（以姓氏笔画为序）

成从武　朱水南　吴国良

吴培华　张季裕　陆　凯

沈海牧　陈少英　陈长荣

陈　嵘　周矩敏　耿曙生

执行编委　陈长荣

执行编务　缪　智　唐明珠

朱钧柱　赵高潮

《苏州文化丛书》总序

梁保华

苏州的历史源远流长,建城二千五百多年以来,文化积淀十分深厚。在这块得天独厚而又美丽富饶的土地上,世世代代的苏州人在创造物质文明的同时,也创造了灿烂的吴地文化,并以其独树一帜的风格而在华夏文化史上占有着重要的位置。

苏州地灵水秀,人文荟萃。先辈们在这里留下了丰厚的文化遗产。其丰厚性体现在古城名镇、园林胜迹、街坊民居以至丝绸、刺绣、工艺珍品等丰富多彩的物化形态,体现在昆曲、苏剧、评弹、吴门画派等门类齐全的艺术形态,还体现在文化心理的成熟、文化氛围的浓重,等等。千百年来苏州人才辈出,如满天繁星,闪烁生辉。文化底蕴的厚重深邃和文化内涵的丰富博大,是苏州成为中华文苑艺林渊薮之区的重要原因。

面对这么丰厚的文化遗产,我们有理由

为此感到光荣与自豪,但不应当因之而自我陶醉。文化之生命力在于繁衍不绝、生生不息的传承和开拓,文化长河之内在生机在于奔腾不息、永不终止的流淌与前进。苏州的文化经久不衰,源于世世代代不息的继承和传播,在继承优秀传统的同时,又正是由于一代一代人的辛勤探索与不断创新,使苏州的文化日益根深叶茂,绚丽多彩。

我们处在一个伟大的时代,苏州人民正沿着建设有中国特色的社会主义道路阔步前进。我们的目标是,努力把苏州建设成为一个经济发达、科教先进、文化繁荣、生活富裕、社会文明的地区,成为二十一世纪新的"人间天堂"。社会主义现代化应该有繁荣的经济,也应该有繁荣的文化。文化的繁荣,渊源于悠久的历史,植根于今天的实践。全面、系统而深入地研究苏州文化资源开发与现代化建设之间的关系,这是我们社会主义文化建设的题中应有之义。历史赋予我们这一代人的一项任务,就是要认真总结、研究与继承优秀传统文化,充分挖掘苏州文化的丰富宝藏,博采八方精华,古为今用,推陈出新,更好地为社会主义现代化建设服务。

苏州市文化局和苏州大学出版社编辑出版一套《苏州文化丛书》,是苏州文化建设中一件很有意义的事情。有感于斯,写了以上的话,聊以为序。

1999年夏

《苏州文化丛书》总序

陆文夫

苏州是个得天独厚的地方。得天独厚不完全是土地肥沃,气候温和,还在于它的文化积淀的深厚;地理的优势是得于天,文化的优势是得于人,天人合一形成了苏州这一座历史文化名城。

每一个地方都有它的历史与文化。历史是人类生活的轨迹,文化是人类精神的产品,产品有多有少,有高有低,从一个地区的总体上来看,人们拥有精神产品的多少与高低和人的素质是密不可分的。

我不敢说苏州是全国文化最发达的地区,也不敢说苏州的伟人和名家就比其他的地区多,但是有一点要感谢我们的祖先和时代的先驱,是他们全方位地发展了苏州的文化,使得苏州文化的综合实力在全国占有优势。一个国家的强大与否,要看它的综合国力,一个地区的文化是否昌盛,也要看它的综合实力。苏州文化的优势是在于它的综合实力强大,文化门类比较齐全,从古到今一脉相承,只有发展,没有中断,使得每一个文化的门类都有一定的成就。

苏州园林已经列入了世界文化遗产,这仅仅是苏州文化的一个侧面,即使从这一个侧面来看,就能看出造园艺术的登峰造极需要多少文化精品的汇合,诸如建筑、绘画、雕刻、堆山叠石、花木盆景、诗词楹联、家具陈设……每一项都是苏州文化的一个门类,都能写几部书。

苏州市文化局与苏州大学出版社推出一套《苏州文化丛书》,囊括了苏州的戏剧、绘画、园林、街坊、名人、名胜、民俗、考古、工艺……向世人展示苏州文化的综合实力,用以提高苏州人的文化素养,提高人的素质,用以吸引与沟通五湖四海的朋友。文化的沟通是一种心灵的沟通,具有一种强大的凝聚力。谁都知道,一个民族的凝聚力主要来自于其民族文化,一个地区的吸引力和凝聚力恐怕也是如此。

1999年7月21日

目　　录

前言 …………………………………(1)
一、阊门大写意 ……………………(1)
二、红尘中一二等富贵之地 ………(18)
三、七里山塘 ………………………(39)
四、画难工 …………………………(61)
五、阊门劫 …………………………(77)
六、一棵还魂草 ……………………(94)
七、苏州的"天桥" …………………(113)
八、黄龙旗坠落阊门 ………………(130)
九、重绘现代繁华图 ………………(150)
十、相聚南浩街 ……………………(165)

前　言

阊门真是很值得写的。

2500多年的历史,听了叫人咋舌。不说别的,光说一个名字一直沿用了2500多年,就已经够得上世界纪录了。世界上这种现象,毕竟凤毛麟角。何况,阊门经历了长达25个世纪的风风雨雨,沉淀了太丰厚太丰厚的人文内涵。

2500多年前,吴王阖闾委派伍子胥建造了阖闾大城。而自有阖闾大城,阊门就存在了。也就是说,苏州古城历史有多久,阊门历史就有多久。当然,苏州古城出现于版图的时候,城门不止阊门一座,《吴越春秋》上写得明明白白:"子胥乃使相土尝水,象天法地,造筑大城。周回四十七里。陆门八,以象天八风。水门八,以法地八聪。"八座陆城门,阊门只是其中之一。但仿佛只有阊门,才与2500年匹配。其他城门,齐、胥、盘、匠(相)、封(葑)门等,都不能望其项背。谓予不信,请听

千年阊门

张正芳的一首山歌。

张正芳,晚清人士,家居苏州山塘街,自幼家贫,目不识丁,却喜欢编些唱词,靠一张嘴巴抒发胸中的感慨。他是看到什么编什么,听到什么编什么,历史故事、地方掌故、山水风物、街巷俚谈、孝子贤媳、兄友弟敬、戒烟戒赌、卫生防病、佛道宗教、行善积德……皆随编随唱,有些竟就传流了开来。对他赞赏的人,把他的一些山歌记录下来,结集分送,所以到现在还有人能见到张正芳的这本《消闲山歌》。这本山歌集中有一首《姑苏六门景歌》,正是我们要介绍给读者的。

六门是有六门景,到一门来有一情。到齐门来上吊桥,南北马路桥两条;一直大塘陆墓去,两河两岸全烧窑。到娄门来上吊桥,做小生意人弗弗少。青菜萝卜葱韭蒜,黄瓜惜乎苦勿好,生瓜茄子长豇豆,只有几家大灰窑。到葑门来往外瞟,大塘里面真热闹。人家约有五百家,南塘鸡头算头挑。葑门外头风水好,穷勿讨饭富勿豪。专种烂田荸荠藕,再做蓑衣划灯草。到盘门来细看清,吴门桥造得勿离景。青旸地来洋关造,私盐船难过觅渡桥。到胥门来往外瞟,对河就是日晖桥。城里全吃胥江水,况太爷造万年桥。居径桥来枣市桥,横塘有顶亭子桥。五福桥来顶细巧,顶高一顶彩云桥。阊门外头有名堂,大三牲一副大家尝………

张正芳领着听众走了一个城门又一个城门,直至走到

前　言

阊门,才拿出了令人垂涎欲滴的大三牲。张正芳为什么不在别的城门摆出这副大三牲来,偏偏要摆在阊门?只有一个理由:阊门最富。张正芳编这首山歌的时代,阊门在苏州市民心目中,还是最富的一个街区。

苏州的其余街区再没有阊门持续如此久长的骄人成就。

所以,阊门最有资格称为"千年阊门"。

千年阊门的千年,只是个约数,言其久远也。"千年阊门"定为书名是相当不错的,写出来好看,读起来铿铿锵锵的,挺气概,挺韵味。这个书名,是苏州文化局高福民先生建议的。高福民先生交代我撰写这么一部书稿,我很乐意,因为我对阊门是很有感情的。

我小时候住在阊门外上塘街普安桥弄。初中,我是在苏州市第四中学读书的。那时候和我同一小学的毕业生,凡考入中学的,按地段都进了阊门外的市五中,不知什么缘故,一个班级就我一个人独吊吊地给录取在了阊门内的市四中。在市四中就读初中三年,各种因素吧,反正是这三年我与文学真正结了缘,这对我的一生是有重大影响的。这三年期间,我天天早晨从家步行到学校,傍晚从学校步行返家,天天经过阊门至少两次,阊门让我看得太熟悉了。

那时候阊门尚存有城门、城墙。我曾攀上城头,以阊门为出发点,南至胥门,北达平门,有几次还"远征"到盘门或娄门,往返最频繁的,则是阊门—金门、金门—阊门。城头给了一个活泼泼孤单单少年很多很多的乐趣,至今我还记得那时多么希冀能在城头内侧斜坡上发掘出一把锈蚀了的

— 3 —

千年阊门

古战刀。留在我记忆中永不磨灭的,还有一株从城墙砖缝里钻出来的小树。这株小树紧傍着阊门城门洞形成的对照,令一名中学生遐想联翩,任何时候回想起来仍能令我心动。

或许,40多年前镌刻在我记忆中的这些痕迹,成了我今天结构这部《千年阊门》的情结纽带?

现在的阊门与过去大不相同了。

现在阊门的城楼、城墙早已拆得一干二净,阊门只是作为一个街区名称留了下来。值得欣慰的是,阊门仍然繁华。现在阊门地区的繁华主要集中在石路。

石路繁华到什么程度呢?

让我们把时间指针暂且拨回到1999年12月31日。这一天,全世界都在忙着迎接新千年第一缕阳光的降临,阊门也不例外。阊门也像世界各地一样,装扮得分外漂亮,漂亮是要以实力作后盾的,阊门的后盾就是石路。这一天的石路,摆开了隆重、热闹系列活动的摊子,叫做"普天同庆新千年,东西南北闹石路"。这里说的东西南北,指的是石路东、西、南、北四段,将"让你一饱口福,让你心旷神怡,让你喜笑颜开,让你目不暇接"。你想一饱口福么?你到石路东段南浩街去,改造后面目一新的南浩街有风俗民情表演,有传统风味小吃。表演有安徽花鼓、踩高跷、荡湖船等数十样,小吃有海棠糕、小笼包、焐熟藕等上百种。我相信,哪怕美食家统统跑到南浩街来,这一天的南浩街也能够百分之百满足他们的。那么,平常日子呢?也一样,尽管来,南浩街一年365天,天天能包你满意。而让人心旷神怡的地方,则在石路南段,石路国际商城东广场。在那儿有中外名曲演奏演唱,有歌舞明星献艺,有欢乐频道卡拉OK赛,还有灯谜竞猜,总之,你想欣赏高雅音乐、通俗音乐,这里都有。让人喜笑颜开的石路西段、国际商城西侧的文艺演出,有龙歌狮舞、千人合唱、杂技魔术、腰鼓花灯、精彩纷呈。石路北段的亚细亚广场和南洋广场,举行商贸精品优惠促销、名特优产品大汇展、500人化妆舞会、现场直播中央台节目,真叫人目不暇接!石路在2000年款款走来的时候,向市民承诺的"八仙狂欢闹千禧,百首金曲迎曙光,千人同台贺新春,万宗商品大汇展"升平景象,于1999年最后一个夜晚淋漓尽致地展现给了每一位踏进这个著名闹市区的人。石路名不虚传!

  石路是苏州最值得骄傲的两条街道之一。一条观前街,一条石路。观前街衰败,苏州要肠梗阻;石路滑坡,苏州便主动脉硬化。所以,这两条街道,对于苏州都是举足轻重的。苏州,在全国经济、文化排名上,始终名列前茅,因此,石路在全国范围讲,也是不可小觑的。

  让我们从不同的角度来细细观看石路。

  一从商业布局看。现在的石路已形成"中心一块,四周一圈,环状辐射",这是非常理想的商业布局。苏州其他街道都由于历史布局的原因,难以改变。石路在这一点上占了很大的优势。

  二从行业分布看。石路地区综合商场有:亚细亚商厦、石路国际商城、汇丰商场。专业商厦有:威尼斯商厦、石路商场、文化用品大厦、装饰大楼、食品总汇、精品商厦、自行车专业市场、老阊门金店。餐饮店有：南洋海鲜大酒店、百年老店义昌福、苏帮点心店近水台、石路小吃街、肯德基、芳香鸡，以及苏州唯一的一家民族饭店。理发浴室业有：南京美容院、天一池浴室、大众浴室。住宿兼饮服业有：高档的五洲大饭店，中档的阊门饭店、申江酒家、新华饭店，普通的大华饭店、大苏饭店，还有集住宿、旅游、餐饮、干洗、婚纱摄影于一体的旅游大厦。更有一幢高过一幢、一幢胜于一幢的八面风商厦、供销大厦、协和大厦，等等。至于石路地区中心宽敞的亚细亚广场，在寸土寸金的繁华都市里不易多见，越显超群了。

三从市容市貌看。自创建国家卫生城市以来，石路加大整顿力度，个体摊户搬迁集中，商场灯光夜市率先实现，这个地区的市容市貌已经做到常年符合规范要求，任何时间都经得起检验。

四从营业面积看。石路地区商业面积40多万平方米，其中新建筑所占比例大，起点高，现代化程度也高。在一条街、一个地区，如此集中的高标准商用营业面积，是个很大的优势，在其他地区较难实现。

五从交通道路看。石路向四周辐射的道路已全部建成，金门路延伸，石路与苏州新区（国家高新技术开发区）通畅了；阊胥路拓宽，桐泾路、干将路建成，石路与苏州各地区连成了一片。石路地区集散、停车方便，人流量日增一日，这两项都是商市繁荣的基本条件。由于市政建设的需要，古城拆建，老城区居民大量迁往四郊，彩香、三元等新村居民激增，又为石路商业区提供了无限商机。

前　言

六从潜在旅游资源看。石路地区有阊门遗迹、古城墙遗址、古运河、古码头等丰富的人文景观及旅游资源。加上石路交通之利,完全有可能成为开拓旅游资源的一个中心。何况有关部门已在积极规划,准备开发,重现《姑苏繁华图》中繁荣的金阊古市,待到这个规划变成现实,必将出现以旅游带动石路地区再发展的可喜局面。

现在的石路也真吸引人,别人不说,只说一个海夫纳,他的到来,或许最能说明问题。海夫纳何许人?美国总统克林顿的顾问。这个人物也跑到江苏亚细亚集团来专访,在石路参观了三天,可见现在的石路确实影响不小。

现在石路的辉煌是阊门的第三次巅峰。

阊门历史上称得上巅峰时期的,至少曾有过两次。一次是明中叶到清中叶,一次是清末民初到30年代前期。当然,阊门历史上曾有过的两次辉煌,与现在的第三次辉煌不可简单类比。现在的辉煌,叫做"腾飞",是用来讲改革开放成果的。以前可不兴什么改革开放,以前充其量叫个"变法"、"改良"罢了。两者之间,不能混为一谈。

然而,有时候我忍不住仍会突发奇想,想想现时与历史的联系。都说历史是割不断的,但在相当一段时期,我们实际上是割断历史的。现在有些年轻人不重视历史,就是这样种下的果。不说大的,仅就阊门来说,你也不用去问其他地方的青年,就问问苏州的一些少男少女,他们知道阊门些什么!不知道阊门的"老缩笃"不要紧,但我始终固执地认为,不了解家乡的人,不可能真正爱他的家乡。扩而大之,对国家民族的过去不感兴趣的人,你别指望他是个真诚的

千年阊门

爱国者。

我这样说可能严重了些。说严重些总比大家都不当回事要有益点儿吧？

历史的回音,应该比寒山寺的钟声更撩人情思,令人缅怀。

上述想法,有助于我撰写《千年阊门》。

有时候我又会想,其实,也未必是年轻人不喜欢历史,恐怕主要是我们的历史读物没办法吸引他们。我们有汗牛充栋的历史读物,学校里更有必修的历史课本,为什么年轻人不爱接近它们呢？这里头有个枯燥的问题,年轻人觉得不生动,太乏味。不过,我认为症结还不在这里,更让现在的年轻人"敬而远之"的原因是:历史教育的"单行道"模式。毋庸讳言,我们的出版物,宗旨一以贯之在教育,而且是填鸭式教育。教育本不错,麻烦在于把历史搞成了现实的翻版。这样对待历史,是不是太实用主义了？

历史读物还有没有另一种写法呢？

我以为是有的。比如,不妨写成"状态历史学"。历史,不一定从三皇五帝写起,一直写到近、现代。历史也可以换一个写法,打乱了写,举例来说,中国历史上,晋代士族专权,汉代外戚专权,明代宦官专权,有多少共同的东西？而历次农民起义,从陈胜吴广到太平天国,又有多少惊人的相同？这种共同的东西就是状态,历史的某种状态。把各朝各代的共同状态放在一起展示,历史的透明度将会大大增加,学历史的人就能学到历史的真髓了。

外国历史同样也适用。如果把中外历史捏到一块来

前　言

搞,那就更有意思,更有看头了。

我没有能力尝试编写这么一个"状态历史学",那么,借撰写这部薄薄的书稿之便,往阊门的过去之中,糅点儿"状态"进去,写起来就多一份愉快了。

没有奢望,但愿读者阅读《千年阊门》,读起来还比较轻松。

一、阊门大写意

说阊门,要从2500多年前说起。

2500多年前,长江南、太湖畔,诸侯国吴国逐渐强盛。都说吴国是泰伯、仲雍始创的。商代末年,周太王之子泰伯、仲雍兄弟俩为了把王位礼让给季历,从黄河流域跑到了今天的无锡一个名叫梅里的地方,建了个"勾吴"国。论者断言,因为泰伯、仲雍把黄河流域较先进的生产技术带到了当时的"荆蛮之地"太湖地区,再加上当地土著居民对他俩的礼让之举十分钦服,所以一致推举这两位当了首领。这个说法有点儿值得推敲,当时交通肯定非常的不发达,泰伯、仲雍又是悄悄出走的,不大可能带着大批随从,大队辎重,也就是说,不可能给太湖地区带来大批人才、大量设备、大笔投资,而且,当时的人尚未受到孔老夫子的教化,还不大懂得礼让是个什么样的至德,不大会由于这两位的那么一种举动就五体投地,顶礼膜拜。想来泰伯、仲雍必然是另有妙法,什么妙法?尚未考证出来。我们只需知道泰伯和仲雍始建"勾吴",苏州的历史就有了个"序曲"。

文章不打算在吴国的这两位开国君王身上多做,因为吴国还局限于梅里一隅的时候,谁也不曾过多地注意到她。直到吴国的王位传至仲雍的十九世孙寿梦,才开始兴旺起来,吸引了中原诸国的目光。吴国的真正强大,是在阖闾时期,而苏州城,恰恰成了阖闾的发祥地。

阊门则成了阖闾夺位、苏州城崛起、吴国称霸的永久性见证。

阊门留存着阖闾登上王位前后腥风血雨式的历史遗迹——专诸巷。

专诸巷因人得名。专诸是个刺客。以刺客而名垂青史,且在苏州永远占一席之地,可见这个专诸与吴国的关系非同小可。跟专诸同样不可忽略的刺客还有一个要离。要离死后,坟葬专诸巷,大约也是阖闾要他和专诸一起,在冥冥中替自己守护着苏州最重要的一个通道阊门吧?

专诸和要离都是阖闾搜罗来刺杀王僚父子的。

寿梦有四个儿子:诸樊、余祭、余昧和季札。寿梦死后,诸樊即位,根据寿梦生前立下的"兄终弟及"的规矩,诸樊死了传余祭,余祭死了传余昧,余昧将死之际,倒也是想把王位传给老四季札的,但是这位四老倌一心要学老祖宗泰伯、仲雍,也跑掉了。余昧见季札谦让,正中下怀,顺水推舟,将王位传给了自己的儿子僚。诸樊的儿子光,也就是后来称为阖闾大王的人,想不通了,怎么说也得先传位给他,凭什么让余昧的后裔占了这么个大便宜?阖闾一心一意要

一、阊门大写意

除去王僚,就豢养了个专诸,用鱼肠剑将王僚刺死了,当然专诸同时给王僚的卫士乱刀砍成了肉泥。专诸刺王僚的故事,大家太熟悉了,不用多述。反正阖闾政变成功,夺得了吴王的交椅。

阖闾这把交椅能否坐稳,还得看一个人愿不愿意,那就是王僚的儿子庆忌。庆忌当然是一百二十四个不愿意,他已经逃到邻国,正在操练一支部队,随时准备夺回王位。庆忌此人决不能小觑,东汉赵晔所撰《吴越春秋》以阖闾之口形容他:"筋骨果劲,万人莫当,走追奔兽,手接飞鸟,骨腾肉飞,拊膝数百里。吾尝追之于江,驷马驰不及。射之暗接,矢不可中。"还特地加了个评语,说庆忌是"明智之人"。这么一个智勇双全,且又保持高度警惕的人,阖闾想故伎重演,再派个刺客去刺杀他,谈何容易!

阖闾不愧为阖闾,他启用了要离。要离矮小瘦弱,风稍大些便能把他掀个筋斗,很委琐的样子,不像专诸人高马大,满脸横肉,易遭人防范。要离让阖闾借故砍掉了他的右手,又与阖闾商定,在他逃亡之后,阖闾装做迁怒于他的亲属,将他的妻子烧死在了闹市口。这样一来,要离与阖闾的刻骨仇恨天下共知,要离投奔庆忌,庆忌自然非常同情他,就把他留在身边。庆忌发兵攻打阖闾时,让要离与自己乘一条船,庆忌坐在船头,要离悄悄蹩到庆忌上风头,左手持矛,借风力扑向庆忌,贯胸而入,庆忌一把抓住要离的头发,将他往水中按了三次。这场景不像人们通常理解的血腥谋杀,倒像是玩耍。庆忌的确与众不同,部下欲杀要离,庆忌却将要离置于膝上说:"嘿,我是天下无双的勇士,你竟敢兵刃加我,也算是个勇士了。你们不要杀这个人,否则,一天死两个勇士,太可惜了。"说完,庆忌就断了气。他的部下就把要离送上岸去,让他回阖闾那儿去领赏,要离大概觉得与那样大度的庆忌相比,自己太蹩脚太有愧了,便用剑抹了脖子,自杀了。

专诸和要离都为阖闾的王位送掉了性命,做了鬼魂,阖闾还要他们替他的霸业效劳,替他看守姑苏大城最重要的一道城门。

姑苏大城是阖闾夺得王位后,命伍子胥筑造的。阖闾深知,欲强国霸王,必先立城郭,设守备,实仓廪,治兵库,总之,要让各路诸侯看到的吴国,确有大国气势。公元前514年,姑苏大城竣工。

阖闾造城的初衷得到了圆满的结果,城造得很大,周围

伍子胥像

47里,城墙底宽2丈7尺,高4丈7尺,八座陆门以象天八风,八座水门以象地八聪。在当时的众诸侯国国都中,姑苏大城不是数一,也是数二的。有专家提供依据说,当时鲁国的国都曲阜,据发掘测量,城四边每边都为3 000余米,与姑苏大城相比,真可谓小巫见大巫了。就连东周的首都洛邑,据文献记载推算,城周不过40里,也小于姑苏大城。而且,

一、阊门大写意

往后的二千多年直至明、清,苏州城的范围基本上仍是阖闾所筑之城的框架,吴国这位称雄一世的大王还真有点儿前瞻意识呢!阖闾对于姑苏大城的八座城门,最重视的便是阊门。

《史记·律书》云:"阊阖风居西方。阊者,倡也。阖者,藏也。"这是非常吉祥的。阊门位

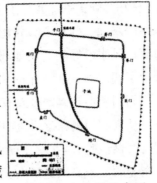

阖闾城址平面示意图

于姑苏大城西隅,开这个门就是为了通阊阖之风。何况,吴国欲争霸中原,第一需要逾越的便是西北紧邻楚国,不攻破强楚,什么也说不上,什么作为都休再提起。凭这两条,就可知阊门在阖闾大王心目中的地位了。

甚至还不妨说,阖闾对阊门几乎可用"钟爱"两字形容之。

这也是有据可依的。阊门附近,葬着阖闾爱女滕玉。

这位滕玉小姐,被宠得太厉害,所以养成了任何一点鸡毛蒜皮的小事都会让她感到天大的委屈,一委屈就寻死觅活的怪僻性格,以至毫无道理地丢掉了如花似玉的一条性命。有一天,阖闾吃鱼,觉得鱼味鲜美无比,舍不得多吃,才动了几筷子就命人端去给滕玉,表示自己对女儿的关爱。谁知滕玉使起了小性子,哭道:"我是吃剩菜残羹的人吗?爸爸这是侮辱我!我没办法活了。"越想越伤心,竟找了条绳子,一家伙把自己吊死了。或许她的本意并不是真寻死,而是发发大小姐脾气罢了,但脖子往绳圈里一套,下不来

— 5 —

了,只好奔阎王爷那儿去了。阖闾痛惜得不得了,但也只能以厚葬来勉强弥补了。葬礼厚重与否,首先表现在选墓地,总要选风水最好的一块地吧。选来选去,阖闾最后为爱女选中了阊门外,说明阊门一带是苏州古城的风水宝地之最。

阊门不但与阖闾爱女有关,还与阖闾的两名爱妃有关。

从大阊门的角度看,虎丘也该包括在内。孙武练兵,先用宫女做试验,地点就在虎丘山。孙武又特地让阖闾两个最宠爱的妃子充当这队女兵的队长。后宫娇娃,哪里把演练当个正经,只当是做游戏,不管孙武怎样的三令五申,只管嘻嘻哈哈,嬉戏打闹,孙武大怒,喝令军法从事,只见大斧一举,骨碌碌便有两颗美人头颅滚落了下来,斩的正是阖闾大王的那两名爱妃。大王爱妃也杀得,还有何人杀不得?从此孙武练兵,进退约束,令行禁止,终于练出了所向披靡的吴国三军。顺便说说,大军事家孙武故宅,也在阊门外,如今尚有桥名"孙武子桥",正可佐证。

阖闾依靠孙武训练的铁军,不断攻伐楚国,最后终于打进了楚国国都。吴国是以3万将士击溃楚国20万大军的。这一大捷,震惊了诸侯各国,替吴国赢来了"强吴"的名声,奠定了吴王继续朝向霸主目标迈进的坚实基础。为了纪念这一胜利,阊门一度更名"破楚门"。阊门在早期苏州史志上,其重要性是不言而喻的。两代吴王——阖闾与夫差,以苏州城为根据地,西破强楚,北威齐、晋,东征夷人,南驭越国,称雄于东南,争霸于中原,在中国历史上镌刻了一个轰轰烈烈的吴国,阊门是最恒久的见证。

沧海桑田,王旗变幻,吴国到了阖闾的儿子夫差手里,终为越所吞,越国又为重振雄姿的楚国所灭,然而,苏州却始终保持着她东南第一大都会的资格。随着岁月的流逝,到了秦、汉时代,苏州凭藉三江五湖之利,越发富甲一方。秦、汉时代,苏州是会稽郡(后为吴郡)治所,太史公司马迁到苏州游览,见到城市建筑十分壮丽,发出了"宫室盛矣哉"的赞叹,著《史记》时还不忘赞一笔苏州,称之为"江海间一都会也"! 而阊门,则被看做了苏州的象征。顾颉刚先生著《苏州史志笔记》有一条目"孙坚与吴阊门",很能说明问题,录如下:

《三国志·孙坚传》,裴《注》引《吴书》曰:"坚母梦肠出绕吴昌门,寤而惧之,以告邻母。邻母曰:'安知非吉征也!'"按孙坚为富春人,其立业所在亦与吴中无与,何以以肠绕昌门为吉征也?又《孙权传》,黄龙元年云:"初,兴平中,吴中童谣曰:'黄金车,班兰耳。阊昌门,出天子。'"注曰:"阊昌门,吴西郭门,夫差所作。"按孙权即皇帝位亦不在吴中,何以云"阊昌门出天子"也?可见当时以昌门为东南之目标,故时以之代表东南。孙子与颜渊登泰山望吴阊门白马,亦复如是。

顾颉刚先生说得很有道理,阊门立起之后就一直被看做是包括苏州在内的中国东南地区的代表,毋庸置疑。

顾颉刚先生在这部笔记中,还有一款条目,录的虽是俚闻野说,却也可以用来佐证阊门的名气:

千年阊门

> 孔大充及其夫人杨质君,皆兴化人,告予兴化人祖先多于明代自苏州迁去,皆云老家在阊门。予谓自苏州迁去甚有可能,明太祖得天下后大量移民,使众寡略等,自宜以江南之庶调剂江北之荒。然谓所移者皆阊门居民则殊不可信。予于民国初年到京,偕友人游于八大胡同妓院,南班之妓皆操苏白。问其籍贯,皆曰苏州。问其家居,皆曰阊门。问其里巷,则瞠目不能言矣。盖此诸人以居勾栏故,能学吴侬软语,然足未履苏州,自不能知苏州之里巷;所知者,交通中心、市廛最繁盛之阊门耳。犹之今日未至北京之人何限,然前门与天安门则皆知之,此无他,香烟有前门牌,年画有天安门国庆典礼耳。

顾颉刚先生此一譬喻,真令人为之叫绝。阊门与前门、天安门同日而语,不用"炒"也隆隆然了。

这里有必要提一提"金阊亭"了。

金阊亭的出现,至迟不会晚于汉末。南朝刘孝标著述《世说新语》上有迄今为止所能见到的关于金阊亭的最早记载。据说朱买臣被委任为会稽内史(汉代苏州地方的行政长官),曾在阊门内普安桥因争座席与下级闹得很不愉快。朱买臣初来乍到,那天穿的又是便服,这些下级不认识他,自然不买他的帐。朱买臣急了,拿出藏在怀里的印绶,镇住了下级,并罚了他们一笔钱,用来建造了一座亭子。这座亭子赖罚金所建,因事得名,初号"金伤",大概是靠近阊门的缘故吧,后谐为"金阊"亭了。说起来,如今的金阊区,追本

一、阊门大写意

溯源还是由于朱买臣才会有这个名称的。这座金阊亭，比现在公认的苏州园林中最古老的沧浪亭还早千余年呐！金阊亭到了晋朝，显然已是苏州名胜，常年灯红酒绿，高朋满座。《世说新语》又有一段描绘了金阊亭的风采：

> 褚太傅初渡江，尝入东，至金阊亭，吴中豪右燕集亭中。褚公虽素有重名，于时造次不相识别，敕左右多与茗汁，少著粽，汁尽辄益，使终不得食。褚公饮讫，徐举手共语云："褚季野"。于是四座惊散，无不狼狈。

这则轶闻让人不难猜测，金阊亭不但吸引着当时苏州的众多红男绿女、文人雅士，也是位至太傅这样的"高干"极喜留连的场所。由此又不难想象，能有金阊亭这般好去处的阊门一带，该是如何的繁华富庶。

可惜金阊亭早已湮没，毁圮原因无从查考。如今或许尚能当作遗迹寻访的，明代抗倭名将、嘉靖苏州同知任环在金阊亭废基上建的一座金阊关，聊可充数吧？但是，现在连金阊关也荡然无存了。

亭可废弃，关亦可倒塌，阊门的繁荣却只能与日俱增。从两汉到两晋，其间虽有三国的争战，但苏州在东吴政权治下，侥幸躲过了战祸，未遭重创，得以继续保持她江南地区政治、经济和文化中心的地位。东晋被南北朝肢解，长达一个半世纪，中国这块土地上王旗变幻，斗得个七荤八素，偏偏苏州又福星高照，居然并未经受什么战火，仍是天下难得的一方富土。史载，南朝时期的苏州是个大粮仓，"一郡丰

千年阊门

收,可供数郡食用"。

久乱必治,于是出来一个杨坚,于公元589年完成了统一大业。杨坚就是隋文帝,历史应该肯定他,苏州人更应该记得他。因为,隋文帝开皇九年(公元589年),废吴郡,改称苏州,苏州的名字始称于此。至于阊门,就越发应该感谢隋朝了,隋朝给苏州,尤其是阊门带来了一次飞跃的机遇。

隋朝至唐朝的300多年间,江南少战祸。一个国家的发展离不开安定,一个地区也是如此,社会比较稳定,才有心思搞经济建设。苏州有了这么一段长长的安定日子,农业、手工业和商业迅速发展,阊门尤为兴盛。从阊门到枫桥,行商云集,帆樯林立,非但内贸,生意还做到了海外,大食(阿拉伯)、波斯(伊朗)、新罗(朝鲜)都能听到吴侬软语,都是从苏州阊门远航而至的。如此创造财富,积聚财富,难怪到了白居易来当刺史的时候,苏州已是他所言的"十万夫家供课税"、"甲郡标天下,环封及海滨,版图十万户,兵籍五千人"、"当今国用,多出江南,江南诸州,苏最为大"了。换句话说,苏州就是中央政府十拿九稳的首选纳税大户,这个传统一直沿袭到当代。由于苏州对中央政府作出了这么大的贡献,苏州顺理成章上升为京都之外的首位"雄州"。据范成大《吴郡志》载:"唐时苏之繁荣,固为浙右第一矣。"范成大在他的这部著述中引《大唐国要图》的数据云:"'唐朝应管诸院,每年两浙场收钱六百六十五万贯,苏州场一百五万贯。'观此一色,足以推见唐时赋入之盛矣。"另外,从当时边防对于苏州的依赖,也可看到苏州对于全国财政支持的又一侧面。杜甫《昔游诗》云:"是时仓廪实,洞达寰宇开。

一、阊门大写意

猛士思灭胡,将帅望三台。君王无所惜,驾驭英雄材。幽、燕盛用武,供给亦劳哉。吴门转粟帛,泛海陵蓬莱。"他在另一首《后出塞》诗中,也特地点明:"云帆转辽海,粳稻来东吴。"苏州能做到这点,毫无疑问是由于她拥有的财富,她的繁荣昌盛。白居易在一首赞苏州的诗中,称苏州"人稠过扬府,坊闹半长安",并不言过其实。扬州是足够繁荣的,繁荣到吸引隋炀帝以亡国为代价去那儿看琼花,但是白居易说,苏州比扬州更繁华,所以也就更吸引人,而且人来了就不愿走了,扬州府的人口才会比苏州府少许多。苏州人口稠密,街坊自然就多了,热闹了,几乎抵得过半个国都。白居易曾为苏州刺史,最有资格当苏州权威的发言人,白居易告诉给人们的苏州繁华景象,完全可以相信。苏州之所以获得这样一个地位,与替唐朝做垫石的隋朝有关。这就是我们前面提到的苏州因隋朝的一项重大举措获得了一次飞跃的机会。隋大业六年(公元610年)京杭大运河南段拓竣,坐枕此河的阊门便迅速成为南北交通、经贸往来的门户,从而带动了整个苏州的一次飞跃。苏州作为交通枢纽、商贸中心,阊门堪称是她的标志。

自从有了这条大运河的便利,苏州阊门真的大得益了。古代河道是主要交通线,苏州城外有护城河,城内又有"三横四直"如街道般的河流,城内河流流向护城河,护城河也需有个出路,待到大运河拓至苏州,与苏州的护城河一连接,苏州怎会不飞跃。大运河经由苏州城西,也就是说,阊门乃必经之路,苏州这一次飞跃成为现实,阊门无疑起着举足轻重的作用。

千年阊门

阊门在唐代就形成了苏州商贸的最大集散地。苏州当时已被视为东南政治、经济、文化的中心,阊门理所当然就是这个中心的"核"了。宋代朱长文所撰《吴郡图经续记》,称苏州"舟航往来,北自京国,南达海徼,衣冠之所萃聚,食货之所丛集"。朱长文称赞的苏州,其实完全可以看做是对阊门的写照。因为,直到清中叶,阊门始终是苏州的窗口,苏州的天堂面貌,主要是从阊门这个窗口看到的。查阅史志资料可知,不管苏州的城门怎么变化,八城门、六城门,还是十城门,阊门始终是居民最多、人气最旺、市面最盛的城门。阊门齐集了苏州全市的菁华。苏州的其他地段,相对而言冷落多了,且不说"冷水盘门",就以齐门为例,临顿桥当齐门冲道,唐代诗人皮日休赠友人诗中提到它,说它"旷若郊野",可见民居之稀。再如苏州城东地区,近人笔记中说:"只有旧家居住,几无市面。"又说:"湖田上新年中亦热闹,比元妙观为盛。"元妙观即玄妙观,湖田上乃阊门外留园后面的一块僻地,年节时热闹程度竟可超过苏州人最喜欢前去轧闹猛的玄妙观,阊门该有多牛气!

苏州阊门在唐代以降的历朝,都未衰落。唐末,中国又一次陷入封建割据、军阀混战的局面。这段混乱时期,史称"五代"。五代对于社会的破坏、民生的摧残实在是很可怕的。可是苏州当时被吴越王钱镠所据,相对战乱纷仍的北方而言,苏州比较太平,经济居然还有所发展。宋代苏州这个粮仓就更做大了,大到什么程度?"苏湖熟,天下足"!苏州再加一个同在太湖流域的湖州,只要粮食不减产,中国人就不用担心饿肚皮了。时人评说苏州:"天下水田之美,莫过于平江。"如此美丽富饶的城市,不要说一般人心向往之,就连最高统治者宋高宗赵构一度曾打算迁都到平江,正是看中了苏州的富和美。虽然最终出于安全方面的考虑,南宋都城仍旧选择了离金兵尽量远些的杭州,但杭州在南宋150余年间,人丁却始终不及苏州兴旺。查检有关史志,当时平江(苏州)已达43万户,一户以五口计,当有215万人。钱塘(杭州)则各书各说,《寰宇记》为7万余户,《九域志》为20.2万户,《中兴国史》为20.5万户,《乾道志》为26.1万户,《淳祐志》为38.1万户。我们择其中数字最大的一种记载,同样也以一户五口计,无论怎么计算也超不过苏州。古代哪个地方人口茂繁,哪个地方的经济肯定容易上去,户口正好用来说明那时的苏州比偏安江南的南宋朝廷的京城杭州还强。可见宋代的苏州愈趋繁荣,令人称羡。这从现存的宋代石刻《平江图》上可以看得清清楚楚。苏州在宋徽宗政和三年(公元1113年)升为平江府,故此图名之为《平江图》。图上,道路整齐,河流有序,民宅前街后河,商家色色齐全,大小桥梁标名的就有304座,商户涉及谷市、盐仓、丝行、茶场、画锦、银链、杉渎、木柴、草鞋、跋鞋、鸭舍、鹅栏,三百六十行几乎都能寻见踪影。《平江图》上所列苏州城的位置、规模以及山丘、湖泊、河道、桥梁和重要建筑物,同如今的状况基本相符,由此可见宋代的苏州确实算得"天堂之城"了。而阊门作为"八门之首",则是进入这座"天堂之城"的最宽敞门户,称之为"天堂之门"亦无不可。

难怪阊门会在《平江图》上占据着突出的位置。

这座"天堂之门"何其巍峨呵,城楼高耸,飞翼凌波,游

千年阊门

梁回廊,曲檐重柱。阊门,在诗人笔下,整个建筑高入云端;在民间口头传说中,她与鲁班挂上了钩。传说中的阊门建造时如何如何困难,因为玉皇大帝也嫉妒,不愿意让人间出现一座比他的天宫还富丽堂皇的城门,于是给阊门的建筑匠设下了种种障碍,层层磨难,幸而鲁班祖师爷暗中相助,巧妙指点,苏州才有了这座足以为之骄傲的城门。优美的传说配以宏伟的建筑,阊门又增添了许多令人心驰神往的魅力。

可是,苏州却在这时候经历了对于她真正构成破坏的一场战火,那就是宋元之交的兵燹。宋末的金兵南掠,一度攻破苏州,给这里带来了严重破坏,随后苏州很快恢复了元气,阊门更是一摆脱兵祸,转眼间便生机勃勃了。元代,马可·波罗在他的游记《东方见闻录》中描绘了苏州,称这座城市"漂亮得惊人","是一个颇为名贵的大城"。如果苏州不是迅速恢复了元气,马可·波罗这话就无从说起了。苏州的这种复元或者说是再生能力,其他地方很难企及。谚云:"上有天堂,下有苏杭。"据考证,这句话在宋代就流传开来了。天堂最基本的条件就是富庶,苏州符合这个条件,而阊门又是苏州最富庶的地段,故又有"金阊门,银胥门"之说。阊门和胥门都是大运河上的硕果,只是阊门较之胥门,无论名气、规模、实力、作用都更显著罢了。大运河巩固和扩展了阊门的商机,带动了其他种种行业的发达,进而辐射扩散到苏州的其余街区,为苏州创造了大量财富。

历史推进到明代,苏州开始迈入了极盛期,阊门也进入了她最灿烂的时期。

一、阊门大写意

明代大作家冯梦龙的《警世通言》第二十六卷"唐解元一笑姻缘"中有一段话形容阊门,说的是"苏州六门:葑、盘、胥、阊、娄、齐。那六门中只有阊门最甚,乃舟车辐辏之所。真个是:翠袖三千楼上下,黄金百万水东西,五更市贩何曾绝,四远方言总不齐。"冯梦龙这几句话,简明扼要,却把阊门的地位、特点勾勒得相当到位,阊门在苏州诸门中最为显要,是第一繁华之地,商业的中心,交通的枢纽,建筑蔚为大观,人们在这里能获得各种各样的享受,每天一清早市面就热闹起来了,直到深夜还市气旺盛,做生意的人来自全国各地,所以在阊门能听到各地的方言,随着货船的进进出出,每年这里的成交额大得惊人,总得不少于百万之巨吧?

冯梦龙不是经济学家,而是小说家,那么,冯梦龙对于苏州阊门的描写是否也夸大其辞了?并未。让我们摘录一段金重固先生撰写的《略论苏州在历史上的特色》一文中的文字,就清楚了。金先生这篇文章收在《吴文化与苏州》这部书中,文章中凡提到的数据,都经过考订,可信度颇高。金先生是这么说的:

> 明清两代,苏州进入极盛时期。明嘉靖以后应天巡抚移驻苏州,从此直到清末都是江苏省会,当时苏州为全国农业最发达地区,包世臣在《安吴四种》中说,在丰年经营得最好的土地,亩产可达米三石,麦一石二斗(约合今亩产 870 市斤),一般年成平均亩产为米二石麦七斗(约合今亩产 560 余斤)。手工业也极为兴盛,东北半城,万户机声,丝织业为全国三大中心之一。

阊、胥、娄、齐作坊林立,有油车坊、踹坊、钢坊、染坊、纸坊、烟坊、跂作、锣作、石作等等,从事手工业的人极多。时人称为"甲于他省"。商业也更为发达,金阊、观前市肆鳞比,南濠、枫桥牙行相望,万商云集,百货充溢。鸦片战争前林则徐曾把南濠与汉口相提并论。同时海外贸易亦已开始,明初郑和下西洋,即从苏州浏河出发,清代对日的运输贸易也以苏州为基地。凌濛初在《拍案惊奇》中所写"倒运汉巧遇洞庭红"和苏州故老口中流传着的漂洋船故事都反映了这一点。苏州手工业的工艺技术水平,更是居全国前列。刺绣、雕刻、纺织、建筑等等都驰名海内。明末西方技术传进中国后,苏州也得风气之先,制造的时钟号为苏钟,至今还有不少精品保存在北京故宫和各地博物馆中。明清两代的国家财政收入中,苏州占有突出的重要地位。明代的主要收入为田粮,万历中全国每年收入为2 663万石,苏州一府(与今日苏州市辖境大致相当,但少半个张家港,多宝山、嘉定两县)所交为209.1万石,占7.5%(事实上还不止此数,因为其它地区有很大部分粮食折银上交,折价较低;苏州大部分交实物,还须负担运费损耗)。清代全国年征银约四千万两、粮四百万石,每石需交银四两以上,两者相加共合银5 600余万两,而苏州(以苏州府、太仓州合计)年征粮80多万石、银82.5万两,加浒墅关关税,所征赋税超过了绝大多数省份,与浙江等几个富裕省份的全省收入相当(见梁方仲《中国历代户口土地田赋统计》和魏源《魏源集》、包世臣

一、阊门大写意

《安吴四种》)。总之,明清时代的苏州,在经济方面具有接近今天上海市在全国所占的地位。正是这样,曹雪芹才把苏州说成"红尘中一二等富贵风流之地"。

从这段文字中,我们仍不难看到阊门对于苏州经济的重要性,金阊和观前一样市肆鳞比,但阊门有条南濠街(古称,下同),这一条街就可与一个大城市汉口相提并论,这是很了不得的。何况,从阊门到枫桥,十里长街,牙行相望,万商云集,百货充溢,规模之大,市贸之盛,无出其右。尤其是米市,枫桥已经处于左右全市米价的地位,苏州有句谚语"打听枫桥价"。枫桥每天米粮买进卖出的行情,就是苏州大大小小米行的参照价,城内外所有米店的当日牌价概莫例外,都得跟着枫桥的米价上下浮动。在相当长的一段历史时期,苏州人对于枫桥米价的关注,其热情程度绝不低于今天的股民关注股票涨跌。枫桥米价实际上就是苏州米市的指导价。"民以食为天",枫桥米价的这个地位,十分雄辩地突显出了阊门地区在苏州占的位置。至于曹雪芹所言"红尘中一二等富贵风流之地",是专指阊门的,知道了这一点,就更清楚阊门对于明清时代跨入极盛期的苏州的意义了。

二、红尘中一二等富贵之地

曹雪芹是这么说的：

> 当日地陷东南，这东南有个姑苏城，城中阊门，最是红尘中一二等富贵风流之地。

曹雪芹生于康熙十八年，卒于乾隆二十九年，他生活的时代，正是所谓的"康乾盛世"。平心而论，这一个历史阶段，应该看做从秦始皇统一中国以来，不多的一个太平兴盛时期。中国的皇帝匆匆少，偶尔也会出个比较好的皇帝，不过连着出三四个尚英明、有作为的皇帝，实在不易。认真算起来，大概也只有清朝前期，接连出了顺治、康熙、雍正和乾隆。辫子兵进关后，确实也干了不少令人发指的事，这四位皇上都逃不脱干系，但在他们统治下的中国，毕竟还是强盛了，发展了，这是必须予以承认的。在这样的大背景下，本来就富

二、红尘中一二等富贵之地

庶的苏州,更趋繁荣,就不是什么奇怪的事了。清前期苏州繁荣的加速度,首先表现在商业上。有论者指出,这个时期的苏州,已经确立了"城市中心市场"的地位。城市中心市场需要具备如下几个条件:工商业人口密集而众多,商业贸易活动集中而多样,商业、服务设施发达而完备,有较大的牙行组织、批发商组织,长途贩运占相当比重,能进行大规模商品输入输出,等等。苏州符合上述各项条件,阊门更符合这些条件。曹雪芹的特推阊门,并非空中楼阁之语。

什么叫做"富贵风流",恐怕没人比曹雪芹更有体会了,他的祖父曹寅、父亲曹颙,都任过江宁织造,在当时是很显赫的职位。这职位皇上总是委派给最信任的人,实际上在这任上的人也是皇上派驻在江南的耳目。尤其曹寅,更被康熙所信赖,康熙五次南巡,皆以织造署为行宫,真是给了曹家天大的荣耀。曹家后来衰败了,曹雪芹后半辈子也捱过些苦日子,但毕竟已在如他形容的金陵贾氏那种"烈火烹油,世代簪缨"、"钟鸣鼎食之家,翰墨诗书之族"的环境里浸淫过,所以他懂得真正的富贵,真正的风流。曹雪芹说阊门是人世间一二等富贵风流之地,阊门放到全国范围去考察,就绝不会仅挣得个富贵风流的"探花郎"。

我们知道,阊门经过唐、宋、元、明各代的发展,奠定了"苏州首要经济区"的基础。清初苏州虽也遭受了一些创伤,但在顺治治下,短短18年就已恢复;到了康熙执政,苏州又是一派兴旺发达的景象了;等到乾隆坐龙廷,苏州的繁华绮丽,足令其他都市望其项背,自愧弗如了,而阊门,一直是拉着苏州这辆车飞驰的宝驹。

千年阊门

因为阊门集中了几条堪称摇钱树、聚宝盆的街道。

先说一条南濠街。南濠街在康熙年间,已被人称为"苏州最盛之地",整条街全是商家,从阊门吊桥逶迤到胥门万年桥,胥门的市面也就给带动起来了,成了苏州当时第二个重要商业中心。由于康熙二十三年(1684年)废止了海禁,苏州的对外通商非常活跃,据《东华录》记载,苏州一地每年造船出海贸易者多至千余,将吴丝、吴绫、各类百货以及全国各地汇集到苏州来的产品,通过"海上丝绸之路"销往朝鲜、日本、东南亚各国。外商船队也利用吴淞江、娄江之便,可直抵阊门城下,"南濠在苏州阊门外,为水陆要冲之区。凡南北舟车,外洋商贩,莫不毕集于此"(清·纳兰常安《宦游笔记》)。南濠街作为"控三江跨五湖而通海"的"东南一大都会"苏州的窗口,时人描述的"商贾辐辏,百货骈阗,上自帝京,远连交广,以及海外诸洋,梯航毕至"(《陕西会馆碑记》),正是南濠街最常见的一道风景。南濠街非但容纳了本埠众多行商坐贾,吸引了东南西北各地的商客,还滞留了许多洋商,在南濠的店铺里,不难发现高鼻子、蓝眼睛的掌柜,不难购到日本的家具、漆器,朝鲜的折扇,南洋的玳瑁、珠宝饰品。

明清两代出现了会馆、公所,均是各业客商为增强竞争力,或外地商人为睦乡谊、举公益、立条规、议行事、储货物、供食宿、觅信息而集资修建的。除京都外,会馆、公所数量之多,苏州堪称全国之冠。一座座会馆、公所的出现,反映了苏州商埠的繁富和外地客商到苏州经营的旺盛势头。陆续出现在苏州的会馆、公所,其中数量最多者首推阊门一

二、红尘中一二等富贵之地

带,约占全城半数,南濠街则是会馆的一处集中地,计有瀛州会馆(染纸业)、人参会馆(药材业)、金华会馆(浙江金、东、永、义、兰五邑)、坤震公所(煤炭业)、浙南公所(浙江粗纸箬叶行帮),以及后来设建的永华公所(南北海货业)等。另外,尚有分布在阊门内外的钱江会馆(浙江杭地绸庄业建于阊门内桃花坞)、宁吴会馆(铜锡业建于阊门内尚义桥)、武林杭线会馆(杭线业建于阊门内蒋家桥)、丽泽公所(金箔业建于阊门内刘家浜)、武安会馆(河南锦绮执毂商建于阊门内天库前施巷)、元宁公所(皮业建于阊门内下塘街官宰弄)、尚始公所(锦夏土布业建于阊门内中街路)、七襄公所(绸缎业建于阊门内文衙弄)、领业公所(绒领业建于阊门内黄鹂坊桥)、咏勤公所(百货业建于阊门内宝林寺前)、裘业公所(裘业、估衣业建于阊门内梵门桥弄)、永宁公所(硝皮业建于阊门内隆兴桥)、惟勤公所(洋、广货业建于阊门内禾家弄)、玉业公所(琢玉业、珠晶玉业建于阊门内天库前宝珠庵)、宝珠公所(琢造玉器业建于阊门内石塔头,眼镜业一度属此,后另建裕明公所)、两宜公所(纸业建于阊门内宝林寺前)、红业丹霞公所(红布、头绳、丝绳、梅红业建于阊门内冶坊浜)、崇德公所(书坊业建于阊门内石幢弄)、咸庆公所(帽业建于阊门内西海岛)、采绳公所(鞭绳业建于阊门内西海岛)、履原公所(鞋业建于阊门内东海岛)、明瓦公所(明瓦作建于阊门内东海岛)、典业公所(典当业建于阊门内清嘉坊)、积义公所、锡善公所、存仁公所、宁吴会馆(铜锡业建于阊门内桃花坞、廖家巷、西大营门、尚义桥)、锦文公所(刺绣业先建于荪溪,后移至阊门内下塘街)、汀州会馆(浙江上杭纸帮建于阊门外上津桥东首)、仙翁会馆(染纸坊业建于阊门外河沿街)、武林会馆(箔业建于阊门外上塘街)、新安会馆(徽州布商建于阊门外义慈巷)、东越会馆(烛商建于阊门外三乐湾)、毗陵会馆(猪业建于阊门外莲花斗)、高宝会馆(腌腊商建于阊门外新民桥堍潭子里)、江鲁会馆(腌腊北货业建于阊门外大马路)、药业公所(苏州药材业集议活动之所,在阊门外卢家巷)、水炉公所(水灶业建于阊门外新民桥石灰弄)、石业公所(石材业建于阊门外半边街)、秀兰公所(茶叶业建于阊门外西杨安浜)、小机公所(贡带业建于阊门外河沿街)……

我们不厌其详地开列出这么一份会馆、公所名册,是想让读者看到,包括南濠街在内的阊门一带,本地资本已是怎样的雄厚,这样的经济实力对整个苏州甚而整个江南都是举足轻重的,对浙江、安徽、山东、河北、江西、湖北、广东、陕西、山西乃至东北都具有很大的吸引力。以阊门为龙头的苏州的经济,其时已具有区域乃至超区域的开放性功能了。

再看阊门上、下塘。在号称苏州极盛期巅峰的清代康、乾朝,苏州城的布号主要集中在这儿,乾隆《吴县志》卷十载:"苏布名称四方,习是业者,阊门上、下塘居多,谓之字号,自漂布、染布及看市、行市,各有其人。"苏州阊门上塘街、下塘街,既是布匹最大的吞吐口岸,又是深加工的基地。其时阊门外整染布工人有2万多,不少都劳作于上、下塘店铺作坊里。当时上、下塘布铺一爿连一爿,而且还在各地设立分店,近则吴县唯亭、吴江松陵,远至上海松江、浙江嘉善,大量收进棉布。松江有言:"布店在松,发卖在苏。"嘉善

二、红尘中一二等富贵之地

人吟:"织成不让丁娘子,只待苏松抄布船。"就是说的苏州布商覆盖当地棉布经营的事实。其实苏州阊门外上、下塘布商贩棉布的范围远不止这些地段,京口、芜湖都常有他们的足印。四方各地买来的土布,到苏州往往还要予以整染加工,从而获取更高的利润,干这类营生,恰是阊门外上、下塘的强项。当然不仅整染加工棉布,丝织绸缎亦在其列。极负盛名的吴江震泽苏经、浙江南浔生丝,都要运到这里来染色或制作成衣。苏州在明代中叶已是丝织业中心,到了清代就更著称于世了。可以与苏州相伯仲的,便是杭州,查检明、清诸多笔记,知道这数百年间,边陲西南诸省,"虽僻远万里,然苏杭新织种种文绮,吴中贵介未披,而彼处先得"(王士性《广志绎》卷五);五边宣府镇"贾店鳞比,苏杭罗缎各行交易,铺沿长四五里许";河间府"贩缯者至自南京、苏州、临清";陕西"绸帛资于江浙"……总而言之,诚如明人张瀚所说:"江浙茧、丝、绵之所出,四方咸取给焉,随秦、晋、燕、周大贾,不远数千里而求罗绮缯帛者,必走浙之东也。"然而,时人又有评说:"近人以苏杭并称为繁华之都,而不知杭人不善营运,又僻在东隅。凡自四远贩运至者,抵杭停泊,必卸而运苏,开封出售,转发于杭,即嘉湖产丝,而绸缎纱绮,于苏大备,价颇不昂;若赴所出之地购之,价反增重,货且不美。"(清·纳兰常安《宦游笔记》)从史料看,苏州当时销售的丝绸种类繁多,杭罗、宁绸、湖绉、贡缎、濮院绸、震泽绸、沂水绸,远近各地特产,林林总总,包罗万象。甚至作为贡品的"汉府八丝"、妆蟒大缎、金银纱缎、宫绸,在上、下塘的店铺里也不乏其货。苏州的丝绸生产基地基本上集中在城东北,销售商却集中在城西。历史告诉我们,当时苏州"东北半城,比户习织,不啻万家","商贾多聚于城西"(清·顾炎武《天下郡国利病书》)。从苏州城西阊门贩出去的丝绸,遍及全国各地,还成为对外贸易的大宗货物,南洋各国都喜爱中国的绸缎,社会上形成了这种面料最华贵的共识;朝鲜也以服著中国丝绸为荣,对中国丝织品历来特别欣赏,每年都要输入苏州宫纱、官纱、亮纱、纺绸、素罗、板绫、库缎数万匹;日本丝绸全仰中国供给,中国丝绸到了日本市场往往价翻十倍;菲律宾除了自己需要外,最大的港口马尼拉还成了中国丝绸的中转站,定期将大批中国丝绸运往大洋彼岸的墨西哥,再转至秘鲁、阿根廷、智利和南美大陆其他地区、中美洲及加勒比海诸国。西班牙这个老牌殖民国,却成了中国丝绸的"殖民地",中国丝绸占领了西班牙本土及其在世界上的所有殖民地。西班牙贵族如果没有一件中国丝绸衣服,将被上流社会耻笑,就连教会的僧侣也争用中国的丝绸制作法衣,装饰教堂。西班牙本国的丝织品本来也是很不错的,但在中国丝绸面前,立即黯然失色,备受冷落,变成了无人问津的"弃妇"。丝绸为当时的中国挣来了可观的外汇,资料显示,仅 1648~1708 年,也就是"康乾盛世"的一部分岁月,日本外流"硬通货"仅黄金一项就达 2 397 600 两,其中大多是由于丝绸贸易流向中国的。倘把世界其他国家、地区流入中国的金银铜钱累计起来,肯定是个惊人的天文数字。苏州作为丝绸集散中心,外国货币屡见不鲜,在市场上也与本国钱币同样流通。阊门上、下塘对于当时的苏州经济,起到了杠杆作用。

二、红尘中一二等富贵之地

这个杠杆,非但撬起了苏州,还促进了周围县、镇的发展。以现在称之为"华夏第一镇"的吴江盛泽为例,盛泽直到明初还是一个小得可怜的僻村,居民仅五六十家,"食不能毕一豕",也就是说,杀一口猪,一村人都来吃也吃不了,可见人丁之稀少。但是,从明嘉靖年间始,盛泽人户就不断增长,什么缘故?我们从《吴江县志》上找到了原因:"绫绸之业,宋元以前唯郡(苏州)人为之。至明熙、宣间(1425~1435年),邑民始渐事机织,犹往往雇郡人织挽。成、弘以后,土人亦有精其业者,相沿成俗。于是盛泽、黄溪四五十里间,居民乃尽逐绫绸之利。"原来正是丝绸生产从苏州城里向外扩散,给盛泽带来了生机。盛泽在嘉靖朝由于居民"以棉绸为业,始称为市"。地位上升了,有了市镇的名义了。此后的盛泽,"俱以蚕桑丝绸为业,男女勤谨,络纬机杼之声,通宵彻夜"。"居民百倍于昔,绫绸之聚亦且十倍"。冯梦龙则把盛泽形容为:"丝绸牙行千百余家,四方商贾蜂攒蚁集,路无伫足之隙。"即便明朝末年,社会已是那般的穷途末路了,本邑诗人周灿还在崇祯年间用"水乡成一市,罗绮走中原"来概括盛泽的长盛不衰。到了清康熙年间,盛泽已是商贾"摩肩连袂,如一都会"。又升格了,不仅是名义上,而且具有足够的市容市貌和经济实力了,"四方大贾辇金至者无虚日,每日中为市,舟楫塞港,街道肩摩,盖其繁喧盛,实为邑中诸镇第一"。盛泽这时候当仁不让地攀上了吴江第一大镇的竿头。盛泽凭借丝绸之利,还在攀升。在乾隆朝,展现在人们眼前的这个"巨镇"是"商贾辐辏,烟火万家,百倍于昔,蕃阜气象,几与郡县相埒"。盛泽之盛,已经

千年阊门

可以与县市级称兄道弟了！自康熙至道光年间,因盛泽丝绸在国内市场占有越来越大的份额,为便于采购和保护同乡商人的利益,外地商贾先后在盛泽买地建会馆八所,作为固定的永久性贸易基地。中国历史上非郡县所在地的市镇,唯盛泽有此一景。道光年间,盛泽还出现了中国历史上最早的丝绸专业市场,专业经销丝绸的绸行有了集中地,形成"庄面"。这个被称为"庄面"的丝绸专业市场与周围丝行、绸行、领户(丝绸中间商),以及开设在上海、汉口、南京、苏州等商埠的分行,组成了功能齐全、辐射辽阔的销售网络,促进了国内外丝绸交易。清代后期,借上海开埠,盛泽丝绸更进一步打进国际市场,行销二十多国,成为那儿的抢手货。

吴江的另一大镇震泽,情况与盛泽相似。震泽在元代也只是个居民数十家的萧条荒村,进入明代,与丝绸一搭上界,便迅速发展成了一个江南名镇,清乾隆时已是"居民二三千户,栋宇鳞次,百货俱集,以贸易为事者,往来无虚日"。

《吴江县志》上与盛泽一并提及的那个黄溪,也是因为丝绸生产,"业此者渐致饶富,于是相沿成俗"。这种"丝绸效应"在其他地方同样显著,吴县唯亭镇,也是从苏州吸收到丝绸生产技术,家家户户加入了梭织行列,才发展成一个繁华市镇的。

丝绸滋养了苏州地区的市镇,明代以前,苏州周围各县市镇寥寥无几,明代中叶苏州一府已有了 23 镇、22 市(集),清中期增至 61 镇、59 市(集)。这些市镇,据当时人言,"所环人烟,小者数千家,大者万余家,即其所聚财货,当

二、红尘中——二等富贵之地

亦不下中州郡县之饶者"(《茅鹿门先生文集》卷二)。苏州府隶一市镇,富可敌中原一郡县,阊门外几条商贸中心街功不可没。很难想象,如果没有销路,生产还能达到如此规模。看似丝绸生产营造了苏州地区经济盛况,实则是丝绸经营者给乡梓带来了福祉。这个道理,当时人倒是很清楚的,他们说震泽"镇之丰歉,绫绸价之低昂,则小民有岁无岁之分也";盛泽"镇之丰歉,不仅视田亩之荒熟,而且视绸业之盛衰。倘商贩稀少,机户利薄,则凋敝立形,生计萧索,市肆亦为之减色矣"。甚至整个苏州地区,"农亩之人,非能有加于他郡邑也。所由供百万元赋,三百年而尚存视息,全赖此一机一杼而已"。"苏、松、常、镇之帛币枲纻,嘉、湖之丝纩,皆视此女红末业,以上供赋税,下给俯仰,若求诸田亩之收,则必不可办。"(张莹《西园闻见录》)我们完全有理由得出这样的结论:拥有上塘、下塘等商业街的阊门,确称得上是苏州极盛期经济的"酵母"。

再说说阊门内的桃花坞大街。

桃花坞大街的出名,首先是和唐伯虎有关。唐伯虎在桃花坞的一条横巷——廖家巷双荷花池旁,与真心关爱他的一个女人九娘相濡以沫居住了十多年。其次,由于桃花坞木刻年画。桃花坞木刻年画作为苏州的一大奇葩,盖住了这条街

桃花坞木刻年画印刷
(1950年)

上众多手工业品的名气。

其实,旧时的桃花坞,作为手工业聚集地,鳞次栉比的店铺挂出的林林总总牌号,标的是算盘、象棋、檀香扇、绢宫扇、折扇、纸团扇、绣作、金银作、明角灯、红木雕刻、漆雕、锣鼓家生、纸扎寿器、香烟烛台、烟筒锁作、脚刀挖耳、铜锡作坊、翻砂五金、笔套刮刀、床钩匙圈,等等,不一而足。手工业的发达是商品经济发展到一定程度的体现,桃花坞的手工业达到了如此规模,恰恰印证了明、清两朝苏州已经出现了资本主义萌芽。

那时桃花坞的手工业产品畅销全国各地,乃至远抵南洋。让我们拣几件最富苏州地方特色的产品介绍一下。

第一想让你见识的是:蟹八件。

苏州人吃蟹是很艺术的,艺术到了《红楼梦》也要绘声绘色加以描写。苏州人的蟹名声,固然是因为阳澄湖大闸蟹品种大大优于全国其他淡水湖泊的螃蟹,但更主要的原因恐怕还是在吃蟹的过程中渗入了丰富的苏州文化色彩,蟹八件就是体现这种文化的一个道具。

蟹八件是一套专用工具,包括锤、镦、钳、匙、叉、铲、刮、针、滚、剪等件,均用铜材制作,以响铜为上器,白铜次之。苏州人吃蟹,一般采用其中八件,"蟹八件"之称便由此而来,但也不限于八件,因此也有"蟹十件"、"蟹十二件"之说。旧时蟹很便宜,所以那时的寻常人家有蟹八件也不稀奇的,讲究的人家还有蟹肉盛器和整套工具盛器,豪门富绅这类盛器自然是银的金的了。人们凭借蟹八件,敲、劈、剪、剔、刮、夹、挤,把蟹的各部位的丰脂美膏细细出尽,尽情品尝。

二、红尘中一二等富贵之地

这套工具一件件又都是那么精巧,绝对算得上雅致的工艺品。使用这种既实用又美观的工具,熟练地操作一只极具诱惑力的大螃蟹,动作显得如此优雅,一点也没有其他地方的人强剥大嚼的狼狈相,你怎能不惊叹苏州文化造就的融入了生活方方面面、角角落落、一针一线、一粥一饭的风度。

与蟹八件同样反映出浓烈苏州特色的小工具,还有瓜子钳。瓜子钳是吃西瓜子的专用工具,大多也是用黄铜制成的。此钳状如剪刀,平头,两侧各有半月形缺口两三个,适宜大小不等的瓜子放入,由杠杆作用将瓜子壳轧开,瓜子仁却能保证不碎。苏州人,尤其是苏州少妇,磕瓜子是很见功力的,一粒西瓜子丢进嘴里,上下牙轻轻一碰,瓜子壳就完完整整分两瓣散开,那舌尖一舔,瓜子仁便给卷到了舌头上,瓜子壳则像吹气一样被很温柔地吐出双唇外了。然而苏州人仍旧要设计出一把瓜子钳来,不光是为了省力,也不仅是考虑到避免瓜子直接在嘴里磕壳,以节省唾液,可保津固元。苏州人把玩瓜子钳,归根结底还是为了使西瓜子这样的消遣零食,吃起来不单调,从而增添若干另样乐趣。苏州文化就是这么精到,这么不惮琐屑。

还有一件工艺品可让你赞不绝口:被中球。这是一种放在被窝里熏香的器皿。白铜制成的小球,球分两半,一半球体凿满小孔,另一半无孔却装有支架,将特制的短而粗的棒香插上支架点燃,再将凿满小孔的一半合上,用销子销住,香气袅袅钻出,使满被窝生香,睡着有多惬意!被中球结构十分巧妙,原理与现代陀螺仪中的万向支架异曲同工,燃香在内,随意滚动,香火决不会撒出,香灰都被吸附在无孔的那一半内壁上,只剩下香气外溢了。

还想让你知道的,便是明角灯了。这种以羊角为主要原料精工细作、既能照明又起装饰作用的灯,昔日是很吃香的,寺庙庵观的佛像神像面前,都要点一盏长明灯。长明灯是老百姓的叫法,正式品名是明角琉璃灯。富绅大户,也都以大厅、轿厅、花厅、楼厅遍悬一堂(四盏)明角宫灯,象征财富与身份。气派更大的,墙门间也高挂一盏大号明角灯。一些有实力的酒店、药铺,也喜欢用明角灯做照明工具。出庙会、迎亲、出丧,也都要用几盏明角宫灯、明角烛灯、明角台灯。演戏若演的是皇家、仙界故事,如《唐明皇游月宫》、《宝莲灯》,明角灯便是必不可少的灯具。旧时明角灯需求量颇大,但只有苏州和扬州两地能生产,而苏州早在清初就形成了规模,随后又组成了行业公所,也就是坐落在阊门内刘家浜的琉璃公所。可惜这种手工艺品已失传了,现在要找明角灯,北京故宫太和殿、坤宁殿还有陈列,苏州的民俗博物馆里也珍藏着几盏,民间或许偶尔尚有遗存,搜寻出来倒是可以当文物了。

再讲枫桥。我们已经知道,枫桥早就形成了米粮中心市场,枫桥的米价可以左右苏州的粮价,从而影响幅员广大的邻近许多省份的粮食市场。由此还产生出一种"枫斗",这种枫桥米市专用斗很快被各地接受、使用,成了当时全国的标准粮斗。明成化年间,枫桥与河南朱仙、广东佛山、湖北汉口并列号称四大镇,枫桥却因米市的繁盛又远远超过了后三地。乾隆《吴县志》卷八称苏州枫桥"为储积米豆贩货之总处",《皇朝经世文编》说:"大都湖广之米,辏集于苏郡之枫桥,而枫桥之米,间由上海、乍浦以往福建。"包世臣《安吴四种》则谓:"苏州无论丰歉,江广安徽之客米来售者,岁不下数百万石。"从这些记载中,可以看出枫桥米市的规模与作用。枫桥米市还带动了周围地区,沿运河又陆续形成了浒墅关、平望、唐栖、无锡等颇为兴旺的粮食市场。平望那时候被称为"小枫桥",就是最好的说明。枫桥米市非但是本地的"一只鼎",而且是周围粮食市场的调节器,外地米粮的中转站。有资料显示,雍正十二年(1734年)由汉口来苏州枫桥再转闽、浙、沪等地的四川、湖广米达1 000万石,在苏州采办的漕粮年以百万石计;乾隆四十年(1775年)苏州产米约2 000万石,外省客米来售者年数百万石,大多也是在枫桥成交的;鸦片战争之前,全国商品粮总量约1.6亿石,其中长距离运销量约3 000万石,由此可掂量出苏州米市,其实更确切地说应是苏州阊门外枫桥米市在全国的比重。那时候的枫桥侧畔运河上,从早到晚篙影橹声,帆樯如林,只有到了深更半夜,市镇与运河才静得下来,腾出些空暇聆听寒山寺悠扬的钟声。

何况枫桥的价值不仅表现在米市上,她也是苏州商贸经济链上的重要一环。史称"吴阊到枫桥,列肆二十里"。阊门到枫桥实长五华里,但从枫桥向西延伸至西津桥,运河两岸也陆续发展成为闹市区,故有二十里列肆之说。这就是有名的"枫桥商市"。清雍正年间的人留下记载,其时从阊门到枫桥这么长长的一条大街,都是店铺,每家店铺前飘扬着幌子,你闭上眼睛设想一下,该有多壮观! 又有那么一块块店额,黑漆油亮的底板上镌着金灿灿的店名,描着红彤彤的铺号,连绵二十里,何等的气势!当时"阊门内外,居货山积,行人流水,列肆招牌,灿若云锦,语其繁华,都门不逮"。这番景象,也包括阊门吊桥到枫桥的所有商号。至于"苏城商户,何啻数十万家",阊门到枫桥这条大街所占比重当是不小的。雍正年间,江苏巡抚李卫一道奏折,向皇上报告说,苏州阊门至枫桥一带"烟火百万户",决不是不负责任的浮夸之辞。苏州是当时全世界最大的城市之一,因为,苏州当时是全中国商户最多的城市。阊门至枫桥的这条街正是托起苏州的一条有力臂膀。

阊门吊桥(1933年)

偏偏这条臂膀又不光让人看到的只是尚武有力,她让人感觉到的恰恰相反,是那么的柔意蜜蜜,温情如水。这就是苏州所不可让别地企及之处。苏州的其他商业主干道也是如此。苏州的商业之街,南濠、山塘也罢,上塘、下塘也罢,还有东、西中市,皋桥枫桥桃花坞鲇鱼墩,总是铜臭味比其他地方似乎少些。这是苏州的文化的缘故,或者说,是水的缘故。人们老是把苏州的水文化与小巷紧紧捆绑在一

二、红尘中一二等富贵之地

起。苏州小巷固然浸透了水文化的气息,但只有轧进苏州的商业街去细细观察,才会彻底了解苏州水文化的漫漫氤氲。苏州的商业街缺不了水和桥,"黄鹂巷口莺欲语,乌鹊河头冰欲销。绿浪东西南北水,红栏三百九十桥。鸳鸯荡漾双双翅,杨柳交加万万条。借问春风来早晚,只从前朝到今朝。"白居易这首诗历来被认为是写苏州最得体的诗,特别是"绿浪东西南北水,红栏三百九十桥",更被看做将苏州特色写绝了。黄鹂坊桥和乌鹊桥都在苏州城内,但阊门外的河与桥论柔姿论精巧,丝毫也不逊色于城内,反而更显出了大家闺秀的风骨。城内的河与桥,不知怎的,总给人以小家碧玉的印象。小家碧玉也招人爱,却无论如何比不上大家闺秀的令人心驰神往,魂牵梦萦。苏州说到底不应当是小家碧玉,苏州理应树立起大家闺秀的形象。从阊门到枫桥,那河那水那桥,展现的正是这么一个形象。出阊门往枫桥,一条河上十座桥,吊桥、普安桥、文德桥、桐泾桥、白莲桥、马铺桥、来凤桥、汲水桥、枫桥和江村桥,每座桥都能当做艺术来欣赏。有人评说:"全市菁华,皆在于此。"该不属虚妄之语。沿着这条河走一遭,闹市的喧嚣不知不觉间就给冲淡了,拎在手中的商品似乎品位也高出了些,这就是深厚的苏州文化对于商市的特殊功效。在苏州购物,是享受,至迟从清代前期的枫桥商市上就已被人充分认识到了。

枫桥值得一书的尚有一关一寺,关是铁铃关,寺是寒山寺。铁铃关和寒山寺,是枫桥替阊门地区镶嵌上的两颗翡翠。

千年阊门

枫桥　铁铃关

铁铃关建于明嘉靖三十六年(1557年),在枫桥东堍,平面呈正方形,面阔15米,纵深10米许,以条石为基,城砖砌墙,楼上放置火铳火炮等武器,常驻兵丁巡视瞭望。同建的还有白虎关和青龙关。白虎关建在下津桥东侧南堍,青龙关建在普安桥东堍。苏州人所说的"三关六码头"中的"三关",就是指的铁铃关、白虎关和青龙关。后两关与铁铃关建筑形式相仿,合组成拱卫阊门的三道坚固防线。建关是为了防御倭寇。倭寇就是明代的"东洋赤佬"。铁铃关将永远记得它抗御的是来自"一衣带水"那边的强盗。中国人子子孙孙都不能忘了这辈强盗,尤其在强盗并不认罪的时候。

铁铃关这座城堡,现在城楼已毁,关台尚存,台高6.3米,正面宽10米,从关台的规模可以想见当年整座城堡的雄姿。同时,还可以想见当年苏州军民抗击倭寇的可歌可泣的场面。

史料记载,明洪武至嘉靖年间,倭寇侵扰我国沿海长达

二、红尘中一二等富贵之地

二百年之久,杀人放火,奸淫劫掠,给东南地区百姓造成了极大灾难。据不完全统计,铁岭关建关前,仅江、浙两省百姓就被倭寇杀害了数十万!苏州乃"人间天堂",更是倭寇首选的掳掠目标,所以,三关的建造是非常必要的。为什么三关的第一关关址要选在枫桥?枫桥控运河而立,又是苏州阊门外一等的富庶大镇,筑一道雄关将倭寇挡在枫桥镇之外,是个高明的选择。

遥想当年,一群群上身一件小马夹,下身一条大脚管半短裤,跣足鬅发的倭寇,"呀呀呀"怪叫着,乌鸦似的,架起云梯,轮番冲锋,强行攻关。倭寇一个个右手执刀,左手擎镜,蜂拥而上。几百面镜子在太阳光下发出反光,可把对手耀得眼花缭乱。倭寇用刀也很别致,总是把那刀舞得呼呼旋转,几百把刀一齐这么舞,好比无数蝴蝶翻飞,更叫人头晕目眩,倭寇谓之"蝴蝶阵"。靠着"反光镜"和"蝴蝶阵",倭寇从浙江一路杀到苏州,倒也占了不少便宜,但在这铁铃关前,他们注定要碰得头破血流了。苏州军民同仇敌忾,严阵以待,铁铃关关台上战旗猎猎,楼廊周围的箭孔和炮眼后面,一双双警惕的眼睛瞪得滚圆滚圆,一张张弓无一不拉满,箭矢只待从弦上飞出,一尊尊土炮的膛里都填满了碎铁卵石,只等点燃火药,便是惊天动地的怒吼。战斗越来越激烈了,眼看倭寇就要攻破关隘,城上指挥官令旗一挥,关台门内驻军洞呼啦啦一支伏兵拥出,有的沿砖砌阶级直奔台上,居高临下杀敌,有的打开台门,拦腰截杀贼人,顿时杀得倭寇鬼哭狼嚎,落荒而逃,只恨爹娘少生了两条腿。有时候,苏州军民也采取放贼进瓮、关门打狗的战术。史载明嘉

千年阊门

靖年间倭寇第三次袭击苏州,守军把来犯之敌放进关内,待倭寇掠至上津桥,守军把铁铃关紧紧关闭,断了敌人退路,然后前后堵截,斩杀倭寇近两千,余下倭寇慌忙跳河逃命,溺毙无数。这一仗苏州军民大捷,倭寇元气大伤,以后很长时间都未能再纠集人马骚扰苏州。

抗倭抗出了一个让苏州百姓世代怀念的将军,就是明嘉靖年间的苏州同知、苏松兵备副使任环。任环领导苏州军民抗倭,总是身先士卒,在第三次与倭寇决战前,他咬破手指,将誓言血书于战袍:"战死,份内事。先人遗体,他日或可归葬。"待到号炮一响,军民围堵斩杀倭寇之时,任环纵马挺刀,抢先杀至上津桥,他在敌阵中左冲右突,来回掩杀,身受创伤,血染战袍,那一行誓言虽被湮没,但苏州军民却把任环将军马革裹尸、灭此朝食的决心和气概一代代传了下来。任环为了保卫苏州,真是做到了鞠躬尽瘁,死而后已,由于过度操劳,加上创伤发作,他40岁上就为国捐躯了。任环的三个弟弟任之俊、任之重、任之秀,也先后牺牲在了铁铃关的抗倭斗争中。铁铃关简直就可视作任氏一门四兄弟的一座丰碑。

寒山寺相对铁铃关来说,就是另一种意境了。寒山寺建于梁代天监年间(502~519年),唐贞观年间高僧寒山、拾得从天台山来到此地,这个寺院就被后人称为"寒山寺"了。为什么不叫"拾得寺"呢?有个十分优美的传说,这个传说我们放到下个章节去讲,这里只打算告诉读者,寒山、拾得两位高僧非常友善,两人又都能写诗,语言通俗浅显。中国人有倡导朋友情谊的传统,"有朋自远方来,不亦乐乎!"就

二、红尘中一二等富贵之地

常被引证。这种情谊有个很好听的说法,叫做"友于之德"。既然寒山拾得两人间的交情很符合中国传统的朋友美德,中国人就很抬举这两位僧人,赠送了他俩一个私谥"和合二仙"。仙是道教才有的,八仙、赤脚大仙等等,佛教只称菩萨,作为佛教胜地的寒山寺供了仙,有点不伦不类,看来"和合二仙"的提法,也该属于民间传说型,版权只能归普通老百姓,老百姓是不管这么多的,仙也罢,佛也罢,他们都乐意烧香磕头。

寒山拾得的故事给人许多美的遐思。

其实,整个的寒山寺每一景每一事都给人许许多多美而又美的遐思。

比如寒山钟。

因张继一首《枫桥夜泊》而名扬海内外的寒山钟,最早铸成于何时,什么时代悬挂到这个寺庙里的,未见资料,无从考证,想来寺既落成,总该有香炉有拜垫有经卷有木鱼也有大钟的,否则就不像个有模有样的庙宇了。那么,寒山钟一定是很有些年代了,所以大家称之为"寒山古钟"。寒山古钟大概流失过不只一次,这并不值得大惊小怪,悠悠岁月,总有兵荒马乱的年代。只是到了比较太平的时候,又想到应该让庙里重新有口大钟罢了,于是就化缘,劝善男信女掏出钱来完成这一功德。社会上一些知名人士往往也乐意加入这种善举,唐伯虎就为重铸寒山古钟出过力,有他的《化钟疏》为证。唐寅诗曰:"姑苏城外古禅房,拟铸铜钟告四方。试看脱胎成器后,一声敲下满天霜。"从这首募捐启事式的诗中,我们至少可以了解到:一、寒山古钟在明中

千年阊门

叶前又失落无踪了;二、此次欲重铸的一口钟将是铜质的。果然,在嘉靖年间由僧人本寂主持铸成了一口大铜钟,还特地建了一座钟楼。寒山古钟到这时开始有了正式记载。可是,未过多久,倭寇掠来,把这口寒山古钟劫了去。日本明治年间,有一位叫山田寒山的人,在日本特地铸了一口青铜乳头钟,专程送到寒山寺。谅必这个山田寒山是想替自己的同胞赎掉点罪孽吧?另有一个证据是,直到19世纪末,中国仍有人对寒山古钟的被劫掠耿耿于怀,康有为就写过这么一首诗:"钟声已渡海云东,冷尽寒山古寺风。勿使丰干又饶舌,他人再到不空空。"康有为的同时代人,江苏巡抚陈夔龙在光绪三十二年(1906年)修复寒山寺时仿铸了一口大钟,替代山田寒山赠送的那口钟,把山田寒山的钟移往大雄宝殿右侧,腾出钟楼来悬挂自己铸造的大钟,应该也是想让人们听到的钟声务必是中国人自己的声音吧!

  从寒山钟声的荡扬而湮灭,湮没复又振荡,我们的确能遐思联翩,联想无穷。寒山古钟年年岁末的108响钟声,给阊门渲染上了一缕缕的诗情,一重重的画意。苏州阊门,委实是有别于其他所有城门的。

  人间只有一座阊门。

三、七里山塘

　　1951年农历春节,当时的苏州市长邀请一批老先生开会,顾颉刚也在座中。顾颉刚,现代史学家,民间文艺研究家,曾任教于北京、厦门、广州、昆明、成都、上海等地多所高等学府,历任中国科学院历史研究所研究员、中华全国文学艺术界联合会委员、中国民间文艺研究会副主席等职。他是中国现代民间文艺学、中国民俗学的开拓者之一,著述甚丰。1922年夏,他还为保存吴县甪直保圣寺珍贵文物唐塑罗汉像作出了很大贡献。顾老先生身为苏州人,要为苏州这座古城讲话了。就在那次春节座谈会上,顾颉刚郑重其事发言,说:"苏州城之古为全国第一,尚是春秋时物,其次为成都,则战国之物,其所以历久而不变者,即以为河道所坏故也。今议拆城,拆之则河道前横,不足以便交通。若欲造桥,则当桥堍开新城门足矣。奚必毁古迹。"顾颉刚先生称苏州为全国第一古城,那么,作为"苏

千年阊门

州八门之首"的阊门,理应是全国第一古城门了。可惜,这座全国第一古城门,终究还是被拆毁了。

我们现在只能从尘封的历史资料中去钩稽她昔日的风采了。

这要花很多力气,一条山塘街就需要我们徘徊许久。

在很长一段历史时期里,山塘街是苏州最眩目的一条彩练。

所以,《姑苏繁华图》上有它显赫的位置。

《姑苏繁华图》又名《盛世滋生图》。此图绘于1759年,即清乾隆二十四年,是吴县监生徐扬为了拍皇帝老倌的马屁而创作的。乾隆于八年前南巡到苏州,徐扬就献过画,讨得了皇上欢心,将他带往京都,入充画院。这一次,徐扬

《姑苏繁华图》片断——阊门

更是拿出浑身解数,花了无数功夫,画了一幅巨卷,全长1 225厘米,宽35.8厘米,用意很明确,他自己说得很明白,是颂扬"国家治化昌明,超轶三代,辐员之广,生齿之繁,亘古未有"。一般来说,抱着这种目的创作出来的作品,艺术上是高不到哪里去的,所以,这幅《盛世滋生图》无法与《虢国夫人游春图》,甚至《清明上河图》相提并论。《虢国夫人游春图》,唐代张萱作。此图描写玄宗时显赫一时的虢国夫人

三、七里山塘

的出游。画中连镳并辔者为八骑人马,取材于现实生活,主要人物得到充分表现,具备杜甫《丽人行》所吟咏的"态浓意远淑且真,肌理细腻骨肉匀"的特色。虢国夫人在画面中部右下,体态自若,与她同样乘着雄健的骅骝的是韩国夫人。她们丰姿绰约,显得格外豪华。其余前三骑和横列后卫的三骑,是出游时作伴的从监与侍女,描写工细,就是对于马的刻画,亦具匠心,全画气脉连结,生意盎然。《清明上河图》,宋张择端作。此图通过市俗生活的细致描写,生动地揭示了北宋汴梁(今河南开封)承平时期的繁荣热闹景象。它以各个阶层人物的各种活动为中心,深刻地把这一历史时期的社会动态和人民的生活状况展示出来。在画中,有仕、农、商、医、卜、僧、道、胥吏、妇女、篙师、缆夫及驴、马、牛、骆驼等人物和牲畜。有赶集、买卖、闲逛、饮酒、聚谈、推舟、拉车、乘轿、骑马等情节。图中大街小巷、百肆杂陈;河港池沼,船只往来;还有官府第宅、茅篷村舍。在艺术处理上,无论对人物的造型、街巷、车辆、楼屋以及桥梁、货船的布置,笔墨章法都非常巧妙。在当时及其以后都有很大影响。宋代以来,出现了不少摹本。《盛世滋生图》也是它的"摹本"之一吧,不过,很巧妙地"直把姑苏作汴京"了。《盛世滋生图》的"国家一级文物"的身价,主要靠的是苏州当时的繁华。徐扬为了让苏州作为"乾隆盛世"的烘托,对他看到的苏州,临摹得很真实,他运用传统的长卷形式和散点透视技法,以太湖与府城西面诸山为依托,由西向东而向北,扫描了胥门、阊门一带最繁华的地段,经山塘街至虎丘结束,重点则落在一村(山前村)、一镇(木渎镇)、一城(苏州城)、一街(山塘街)的描绘上。有人点数过,《盛世滋生图》画面上摩肩接踵、熙来攘往的各色人物有12 000余众,运粮船、货船、客船、木筏、竹筏400余只,从林立的商店中可辨认出市招的有230多家,这些数字,的确反映出了明、清时期,尤其是乾隆朝苏州的经济与市容景况。这幅图的价值正在于此,成了研究那个历史时期的一件实物佐证。徐扬可算是替后人作了他自己并未意料到的贡献。

徐扬不选其他街巷,独选一条山塘街细细地画出来捧给乾隆皇帝御览,假如山塘街不能比其他街道更体现了"人间天堂"的繁荣和舒适,他是不敢这么搬上画稿的。

乾隆《元和县志》提到:"阊胥地多圜阓,四方百货之所聚,仕宦冠盖之所经。"对照《姑苏繁华图》,基本上符合实际。徐扬通过此图让后人看到,苏州城东西南北四个区位,西区商贸、风情、文化、建设明显高于其他三区。而且,公署官衙也大体集中在西部城内。可见,明、清的苏州城,人口密集和商业繁盛首推西北部,特别是阊、胥一带。而阊门的商业发展又冲破了市垣的限制,向着外部乃至更西发展,形成了与城内呼应的又一带状商业网。突出的商业网带有两条,一条是以虹桥为起点,正西方向直通枫桥,另一条以渡僧桥为起点,由西偏北至虎丘。这后一条便是山塘街。

山塘街,习惯上都说是"七里山塘",于是都误以为从阊门外渡僧桥到虎丘正山门的这条街长有七里,其实不是这么回事。一条山塘,精确计算,不足七华里,它的准确说法应是"七狸山塘"。这条街上,不知什么时候,出现了七个石雕狸猫头,"七狸山塘"由此得名,后来讹传为"七里山塘"。

三、七里山塘

至于这条街上为什么耸立着七个狸猫头,至今尚未有所考证。相传,明朝初立,朱元璋放心不下曾是张士诚大本营的苏州,特派刘伯温到苏州来视察。刘伯温在苏州东转转西转转,一转转到了山塘街,发现山塘河横贯白堤旁,状如卧龙,他担心这儿要出真龙天子,将与朱元璋争江山,便施展法术,设置七只石狸猫头在山塘街上,并分别予以名号,山塘桥畔为"美仁狸",通贵桥畔为"通贵狸",星桥畔为"文星狸",彩云桥畔为"彩云狸",青山桥畔为"海涌狸",西山庙桥畔为"分水狸",普济桥畔为"白公狸"。传说七狸有千斤巨锁之功,能牢固地永久锁住龙身,朱明江山就可传至万世万万世了。朱和尚开启的江山当然没能永远,关于山塘狸猫头的传说也仅仅是茶余饭后的传说而已。山塘街最兴旺时正值明清,明中、后叶皇室龙子凋零,往往在位天子连个太子也生不出来,或者生了也因后宫崇祸把个未来的皇上扼死在襁褓,所以,那时候的禁苑特别爱养猫,尤其是狸猫,只说猫儿容易发情,生殖能力特强,大概这种癖好流入民间,民间起而效之,竟成了时尚。苏州人也就在繁华的山塘街上把个狸猫当上等畜生来供,用上等的青石雕刻了七个狸猫头颁沿街摆放。到了 20 世纪 60 年代,笔者看到山塘街上的狸猫头只剩下一只了,在桐桥堍对面一家小烟纸杂货店门前。这话到现在说起来也已有三十余年,现在山塘街上还有没有石雕狸猫头,就不得而知了。

苏州阊门外繁荣的街道不止山塘一处,为何狸猫头不在别处安身,偏偏落户山塘街呢?这就与山塘街的特色分不开了。

千年阊门

　　山塘街有什么特色？

　　简言之,山塘街是明清时期苏州"无烟工业"的集中地。用现代的话说,就是开展旅游事业的基地。

　　有人曾把南濠街和山塘街分别比做明、清时期苏州的摇钱树和聚宝盆。聚宝盆在人们的概念中,应是日进万金的。山塘街靠什么日进万金？南濠街靠商贸,枫桥商市主要靠米粮,山塘街呢？山塘街不是没有商业。例如,直至清道光、咸丰年间,苏州的钱庄多设于渡僧桥一带。钱庄是商业兴旺与否的风信标,山塘街入口处渡僧桥既有众多钱庄,山塘街的商号之盛,何须说得。当然,渡僧桥的钱庄也吞吐全苏州乃至江浙全境直至全国各地的浮资,但山塘街毕竟应是这些钱庄的最基本的客户。山塘街商情的繁茂,由钱庄可见一斑。

　　事实上山塘街也确是当时著名的商业街,半塘桐桥一带,史称"商贾云集,行人如流"。斟酌桥畔,清初创建了一座三山馆,人称"白堤老店",供人食宿,往来客商都喜欢栖身于此。三山馆或许是苏州最早的旅馆之一,不少史志都提到此店,名气之隆,正说明山塘街人气之旺。山塘街的商号确实也很多,山地货、药材、鲜鱼、腌腊、水果、酱油、染坊、蜜饯、南北货都有。真所谓"百业类聚,货畅其流"。不过,鳞次栉比的店铺基本集中在半塘桥以东。所谓半塘桥,望文生义,"七里山塘"之半矣。行至半塘桥西,便是另一派风光,完全是个游览佳处、消费地段了。

　　消费主要投向两项:画舫与酒楼。

　　山塘街傍河而筑。其时,山塘街是条麻石街,后来改成

三、七里山塘

了石板街,都是很高级的。时人曰:"天下最美苏州街,雨后着花鞋。"指的就是这条山塘街。你想想,大雨方毕,淑女们就能穿着绣花鞋上街玩耍了,鞋子一点也不怕湿,更无须怕脏,这条街该有多清洁!明清时期的山塘街,比之现代的水泥街、沥青街之韵味,不啻天上地下。苏州昔日还有些砖砌街,虽比麻石街稍逊一筹,但也还有那么一点苏州小巷的味道。现在都无从寻觅了,不去说它。只说这一条麻石街,街上人家皆枕河。"君到姑苏见,人家尽枕河",唐代诗人杜荀鹤形容的水乡苏州特征,城内固然如此,山塘愈见典型。山塘枕河人家,推开窗棂,卷起疏帘,便是一泓绿水,山塘河尽收眼底了。山塘河是白居易做苏州刺史时挖掘的,挖出的土,堆做塘岸,塘即是路,就是山塘街,又称之为"白公堤"。杭州西湖的"白堤"和苏州山塘该称为姐妹堤才对。山塘街,山塘河,塘上红槛碧树,河中绿波画舫,相互辉映,相得益彰,令人赏心悦目,留连忘返。

行笔至此,山塘河上的画舫,就如电影的大特写,必定要突现在你的眼前了。

我曾在几部小说中描写过山塘河上的画舫。

一部中写到:

这山塘河傍一条石板街,长七里,乃是当时苏州最繁华之处,也是古来吴中最著名的游览胜地。"七里山塘半酒楼",时人写的这一句诗,就足以说明这条长街何等富庶,怎般闹猛。看!此时夜色如烟,烟蒙岸柳,柳傍清流,清流似练。把七里长的山塘河,比做一匹从

千年阊门

> 虎丘山直泻到阊门的彩练,在今夕是最恰当的了。在这背景下、气氛中,一艘艘不同色彩的龙舟摇着头,摆着尾,穿梭往还,追逐争进,各逞其能。

这是写的山塘河龙舟竞渡的盛况。
另一部写到:

> "上有天堂,下有苏杭。"苏州是美的,苏州之美,除了景色,还有佳人。那些游弋于虎丘附近山塘河上画舫中的歌伎,无一不是青春年少、艳若天仙、尤擅弹唱的青楼状元、风尘魁首,游虎丘的王孙公子、文人墨客,十有八九要光顾这类画舫,花上十两八两纹银,摆一桌酒,边饮边欣赏歌伎奉献的曲儿。

这是写的山塘河声色犬马的景象。
先说前一种。
岁岁月儿最圆时,便是中秋佳节夜。每年农历八月十五,苏州习俗,都要赛龙舟。别的地方只是端午才有龙舟竞渡,苏州却是中秋之夜龙舟最兴。苏州市民,合家吃了团圆夜饭,便兴冲冲地携老搀幼,外出踏月。踏月的好去处甚多,宝带桥、石湖、南园、北园,苏州人都可以去,都能寻到蟾宫的倒影、嫦娥的舞姿。然而,苏州人最愿意前往的恰恰是阊门外山塘街,因为山塘河上的龙舟是最吸引人的。
当其时也,夜空如洗,穹隆碧青,一轮明月高照,银烊冰融也似的月色泻满了素练般的山塘河,与岸上繁星相仿的

三、七里山塘

灯火互为呼应,更显得如梦如幻,天上仙境仿佛真的搬到人间来了。突然间,"钦咣钦咣钦钦咣,咚锵咚锵咚咚锵……"锣鼓点子响了,一赤一白两条龙舟在这热烈的锣鼓声中,摇头摆尾,你追我赶,从虎丘望山桥后面游了过来。每艘龙舟,都由十八支长桨催促,三十六名桨手,清一色的年轻后生,个个剽悍。舟头都有武师表演,一个玩一杆长枪,一枪化十枪,十枪化百枪,一路"追踪迷魂枪",变幻无穷,神鬼莫测;一个耍一柄钢叉,钢叉八八六十四斤,频频抛上半空,"哐琅琅哐琅琅"响个不息,落下了又飞起,飞起了又落下,表演者从不劳动双手,只用他的肩、背、膝、臂承接落下的钢叉,再把它弹回半空。舟头演技已经让人眼福大饱,却还有舟尾的浪桥嬉戏。两艘龙舟的尾巴都高翘丈余,上面都有彩绳牵引,下垂木板,这就是"浪桥"。"浪桥"上少男少女,各扮戏文,童子拜观音、许仙白娘娘、哪吒闹海、刘海耍金蟾,出出生动,出出活泼,忽然间这些小演员都退走了,一座"浪桥"上冒出了一位亭亭玉立着的年轻姑娘,相视一笑,身已腾空飞起,轻疾如燕,掠向对方舟尾,眨眼工夫,就已稳稳当当落到了对方的"浪桥"上,轻轻松松荡起秋千来了,岸上成千上万观众还不一齐爆出一声喝彩,直震得一条山塘街也快乐得乱颤了起来。山塘竞舟,快慢其次,主要是娱乐。于是岸上观众,纷纷把瓦壶陶罐掷入河中,看龙舟上水手打捞,罐圆壶滑,靠一根根竹篙欲将此物钩起,实是艰难,因此也就有了极大的乐趣,不时哄动了岸上如瀑的笑声、如雷的掌声。

山塘龙舟给了苏州人很大的愉快,山塘画舫则给了苏州人不小的享受。

划龙船

这种画舫,是相当富丽堂皇的。苏州有位薛亦然,写诗也写散文,近来写了一本《苏州小巷》。他在这本小册子中也涉及了画舫。据他说,画舫是专供达官贵人游览宴客的,一般市民常用的交通船是快船。

书中写道:

> 城内市河上也停靠了不少供市民交通用的快船,这种船可坐十人左右,船小而典雅,船舱里设有小巧玲珑的桌椅,船梢还有厨房,可供应酒菜。用双橹摇船,船头有一块青石维系平衡,防止船只倾斜。行船时平稳快捷,苏州人游览、访友、迎亲等使用快船十分方便。

三、七里山塘

这种快船一般散泊在阊门广济桥、杨安浜,胥门接官厅、日晖桥一带内河的埠头桥畔,静静地等候客人。

书中接着描述了画舫,比较细致:

> 专供达官贵人游览宴客的便是画舫了。画舫比快船大,装饰豪华,船身金碧辉煌,船头有将军柱,还挂一排五彩琉璃灯,灯上有珠缨络索,甚为美观。舱中可容三四十人,有窗帘、挂落,房舱周围配有精细雕刻,中舱两边还有夹弄,从船头到船梢,不必通过中舱。这种船前有撑篙,后有双橹,需要六人以上合力操作才行。画舫为了招徕顾客,想出许多招数,其中最受欢迎的就是船菜和船点。苏州船菜注重蒸、炖、煨、焐等烹调方法,很少用爆、炒,十分讲究清香腴美、食而不腻,别具风味。船点则讲究小巧美观,以糯米粉、上白面粉为原料,包裹甜、咸两种馅心,甜有豆沙、玫瑰、枣泥、桃肉、芝麻、松仁等,咸有虾仁、鲜肉、鸡丁、火腿等,做成各种花卉虫鸟的形状,十分可爱,既有观赏功能,又很美味可口。

作者大概是很想惹出读者的口水来,他在食上用了相当的功夫。然而苏州的画舫,尤其是山塘河上的画舫,吃,并不见得占第一位,上这种画舫的人当然也要佳肴佐酒,但"醉翁之意不在酒",那么,在什么地方呢?

在于秀色。

千年阊门

"秀色可餐"。秀色的味道往往远比酒席更令人陶醉。

秀色是要用你的品位去体味的。我们说的秀色包括两个方面的内容：美景与美女。山塘兼容了两者。山塘在明、清之际，是苏州最美的一条街、一道河。山塘街是白居易为苏州人做的"实事工程"、"民心工程"。白居易为阊门的发展，作出了卓有成效的贡献，贡献之一就是组织开凿了阊门通向虎丘的山塘河，同时用挖出的泥筑了一条山塘街，不仅方便了交通，替日后新商业网带的形成营造了良好的投资环境，而且把阊门与虎丘、山塘景色连袂成体，给美丽的苏州又平添了三分秀色。白居易这位大诗人，审美意识自然是强烈的，他在开河筑路时特别注意美化工程，堤旁夹种桃李，水中遍栽莲荷，移步换景，美不胜收。画舫在桃下莲间悠悠地游弋，真叫人直把山塘当仙境了，何况还有桃李后面幢幢朱楼，莲荷深处尾尾鱼踪。白居易完成了这项工程，一高兴，跑到齐云楼上，赋诗一首："远近高低寺间出，东西南北桥相望。水道脉分棹鳞次，里闾棋布城册方。人烟树色无隙罅，十里一片青茫茫。"都说白刺史这首诗把苏州的娟丽风光和独特景观写了出来，但谁又能感觉到这位大诗人在写这首诗时心头还久久荡漾着的山塘绿波呢？

那时候河里的水很清很清，一眼就能望到河底，河底也是很干净的。那时清粼粼的山塘河中，一簇簇的串条鱼活泼地窜来窜去，在画舫上用餐的人，随手拨几粒米饭下去，饭粒的影子刚染上水面，鱼群就青藏藏地一片一片压过来了，密密集集，层层迭迭，几乎可以清晰地闻见它们的喋喋之声，何等的趣味。倘若再把那精致到乱针双面绣模样的

三、七里山塘

一丛丛水草,以及街上建筑高高低低、浓浓淡淡的倒影加入到这个画面,又将是怎样的一种情调。何况还有头顶上方的一座座桥,选料都特别讲究,工艺特别灵巧,造型特别美观,画舫在这飞虹似的一座座桥下穿过,该是怎样的一种享受。桥名诗情画意的也很多,穿过一座桥,问声桥名,哦,青山桥。又穿过一座桥,再问一声,哦,绿水桥。青山绿水桥,到哪里再能找到比这更动听的桥名?画舫不小心轻轻撞在桥洞上,凑巧撞的是青山桥,"嗡嗡嗡嗡",竟是一首诗:"两情如水水如环,柳外春晓桡往还;招手渡头人不见,二分新月近青山。"又一撞,又撞巧了,撞在了绿水桥柱,"汪汪汪汪",又是一首诗:"一路长堤系桂桡,疏帘斜巷隔河遥;诗情画景登时集,烟雨垂杨绿水桥。"即便桥名很普通的并无特色的,如半塘桥,也能撞出一首好诗来:"半塘桥北好阴凉,残醉扶来荡画舫;临水数家门半掩,更无人处有垂杨。"全是那么美的诗,就因为这儿的桥全是非常美非常美的。

当然这么美的场景,少了佳丽是绝对不圆满的。山塘河上的佳丽,在常人的想象中往往又是倚楼卖笑的巫山神女。事实上这个想象也并未错,虽然山塘河上不乏荡一叶扁舟叫卖红菱,或挎一只小竹篮"阿要珠珠花茉莉花玳玳花白兰花"的农家女,但总的讲来,人们提到山塘美女,只能是前一种,而不可能引申到其他阶层去的。

这里头有个很特殊的文化问题,或者更科学地界定,有个亚文化问题。

青楼女子得以留名后世,假如没有文人的介入,大概是不会有一个这样的女子能被后人知道的,哪怕这个女子有

千年阊门

一般男子远远不及的才情乃至品性。中国文人基本上都有"怜妓情结",这恐怕与文人深层意识中自认的社会角色有关。所以,文人要创造出一些能让人爱慕、让人同情的妓女,一般的妓女是不可能达到这种效果的,于是就造名妓。

典型的例子可举真娘,真娘是山塘街乐云楼的歌伎。

真娘的故事讲起来是相当悱恻动人的。

真娘的生卒年月不详,因白居易写过悼念她的诗,她至迟也应该是唐中叶的人吧。也有人说她是隋朝人的,但认定她是唐代名妓者居多。作为山塘河上数一数二的名妓,愿意一掷千金拜倒在真娘石榴裙下的王孙公子不知凡几,但她抱定"卖笑不卖身"的宗旨,守身如玉。富家子弟王荫祥实在是被真娘的魅力倾倒了,先是花了不少功夫,取得了真娘的信任,然后又花了无数银两,串通鸨儿,用计灌醉了真娘,当夜破了她的身。这也是勾栏院里经常演出的故事,入彀的妓女无非是一哭二绝食三寻死觅活,劝劝也就算了,认命了,就像《三言二拍》中的花魁女。王荫祥也是这么想的,他认为真娘醒来闹上一阵,鸨儿他们劝个半天一日,真娘就会借梯下楼,同意做他的妾,或者在外面另租一间房包养起来。谁知真娘性子特别,留下一封遗书,大意是:王公子,我曾经那么信赖你,视你为知己、兄长,你何苦设计坏我身子?身子坏了也就罢了,可是你坏了我对人的信任!这个打击我受不了,我不愿意苟活于世了。你逼我走上了绝路。或许你会为自己辩护,讲如此图谋我是由于你的爱美之心。我知道自己美,也可以承认你确实爱我之美,但你把美毁了!不知你日后回想此举,将是个什么样的滋味?真

三、七里山塘

娘这封遗书,连同将她送往奈何桥的一条丝帕,简直有点后现代主义小说的味道了。那么,王荫祥又怎样表现的呢?王荫祥毕竟不是为非作歹的恶少淫棍,很后悔"一念之错"酿成了这么一桩大祸,良心上有所谴责,为了赎罪,把料理后事的义务统统揽了过来,选了上好棺木,厚殓真娘,在虎丘山下,于白莲池相对之处,筑了一座大墓。这座真娘墓,都说可与杭州西湖苏小小墓比美。又有人勒石于真娘墓旁,刻的是两个很有韵味亦颇悲哀的字:香魂。后人怜惜真娘,为真娘之墓题了许多诗,其中包括著名大诗人白居易、刘禹锡、李商隐、吴文英等。

与山塘街有些瓜葛的名妓还有董小宛。

董小宛是明末清初"秦淮八艳"之一。明末清初以来,"秦淮八艳"中有那么三两位给抬到了很有民族骨气的位置上了,董小宛和李香君、柳如是都属于这样的人物。这是大可不必的。董小宛她们,其实也就只是很讨人喜欢的青楼女子罢了,哪里管得了什么国家兴亡。董小宛给一个叫冒辟疆的公子哥儿认做了相好,便跟定了他,不想在南京秦淮河陪其他客人,一心要正儿八经当冒公子的如夫人了。但秦淮河那样的环境又容不得她这样做,她只好开溜,一溜溜到了苏州,在山塘街靠近虎丘的地方租了间房子,隐居了好几个月。董小宛和山塘街也就这么结下"缘分"来了。

真娘、董小宛都是名妓。苏州自古多名妓,直到民国初,尚是如此。大学者顾颉刚在他的《苏州史志笔记》里还专门列了一个条目,叫做"吴中三名妓",写这个条目的时间是 1953 年,这就更显得有意思了。条云:

千年阊门

前代苏州名妓,可思者得三人焉。其一曰薛素素,字润卿,又字素卿,或作雪素,能画兰竹,兼擅白描大士像,善写《黄庭经》小楷,工诗。性豪迈,恶脂粉,挟弹走马,反手引弓背上,百发百中。以女侠自命。寓南京。其事见于《玉台书史》、《无声诗史》等书。郑抡逵《虞山画志》云:"素卿写意牡丹近徐文长派,记其题句云:'三春花事独争雄,补缀人间锦绣丛。最好眼前常富贵,粗粗写入图画中。'寓意深远,扫尽俗态。"予亦于上海博物馆见其墨梅一幅,老笔纷披,不但无俗态,且无女子柔弱气也。其书则见于上海某肆石印联语,曰:"间倚屏风笑周昉,好将春思赠江妃。"笔意潇洒似董玄宰,盖生并世,易承受其风格也。其二曰张忆娘,黄体芳《醉乡琐志》云:"吴中名妓张忆娘,为顾侠君、惠半农二君所眷,蒋树存州牧为作《簪花图》……名流题咏,卷如牛腰。屺怀(费念慈)以百金得之,携至都门,一日招饮,曾出示图,满目琳琅,宜其珍如拱璧。"按此图为杨子鹤(晋)笔,其题咏见于江标《灵鹣阁丛书》中,袁枚题诗所谓"国初诸老钟情甚,袖角裙边半姓名"者也。《子不语》卷十三有《张忆娘》一则,谓忆娘色艺冠时,与蒋姓交好,蒋故巨室,花朝月夕,与忆娘游观音、灵岩等山,辄并辔而行。忆娘欲托身与蒋,而蒋姬媵多,不甚属意,因与徽州陈通判者有终身之托。陈娶过门,蒋不得再通,大恚,百计离间之,诬控以奸拐。忆娘不得已,度为比丘尼,衣食犹资于陈,蒋更使人要而绝之,忆娘贫窘,自缢而亡。是因爱成怨者,其结果殊不幸也。其

三、七里山塘

三曰张五宝,生于清末,擅歌舞,今百代公司唱片中犹存其《思凡》、《乔醋》二曲,声高亢处如山崩石裂,低沉处如泉咽鱼吟,其宛转抑扬,得心应口,斯世所鲜闻也。以其长于度曲,每有见招,辄令歌唱,遂以劳瘁死矣。

考虑到顾颉刚写下这条目的年代,就更可见苏州的一些前代名妓在他印象中留下的是怎样的痕迹了。像他描述的那样一些名妓,论画可被博物馆收藏,论诗不输给同时代的任何一位花间词人,论歌绝对余音绕梁,三日不去。山塘河上的画舫是流动的豪宅,要气派有气派,要舒适有舒适,要风光有风光,两岸的景物不是就在缓缓地一一迎来,又缓缓地一一退去么,拉洋片似的,万花筒似的,陆上哪里找这样的趣味呢?画舫又是动静结合得那么完美,船是动的,舱却是静的,一道窗帘,制造出了动与静两种效果,两个世界。

山塘街历史上是苏州的一个高消费区,当然不光指河上画舫中的消费。其实,山塘街的消费场所多的是,比如酒楼,一天到晚不知要替这条街创造多少利润。

"承平光景风流地,灯火山塘旧酒楼。"山塘街一爿连一爿的酒家,白天生意已经够好的了,到了夜晚,还是高朋满座,座无虚席。楼上雅室,山珍海味;临街堂口,螺蛳缩缩,都吃得有滋有味,兴高采烈。酒不管高档低档,都喝得红光满面,神采飞扬。酒铺前都挂着灯笼,灯笼照着酒幌,酒幌还在不断地把客人吸引进来。爿爿酒家灯笼照,灯笼连灯笼,连成了山塘街一街的阑珊灯火。在这阑珊灯火中,映现出了一块块酒招,一副副酒对,一道道酒柜,一只只酒甏,有不少酒甏看上去很有些年代了,"旧酒楼",不是真的酒楼旧了,生意如此兴旺,赚钱大大的,店家哪有舍不得花几个钱经常粉刷油漆的道理,所以山塘街的每一座酒楼都是永远漆得崭新的,只有那酒甏透出了某某酒楼开创久远的信息,增添了若干身价。据清人所撰《桐桥倚棹录》记载,那时候山塘街有三家颇著名的酒楼"三山馆"、"山景园"和"聚景园"。这三家酒楼可看做山塘众多酒楼的代表。三家酒楼菜肴品种之多,时人笔记录有菜谱:烧小猪、哈儿巴肉、烧肉、烧鸭、烧鸡、烧肝、红炖肉、黄香肉、木犀肉、口蘑肉、金银肉、高丽肉、东坡肉、香菜肉、果子肉、麻酥肉、火夹肉、白切肉、白片肉、酒焖蹄、硝盐蹄、风鱼蹄、绉纱喧、燖火蹄、蜜炙火蹄、葱椒火蹄、酱蹄、大肉圆、炸圆子、溜圆子、拌圆子、上三鲜、汤三鲜、炒三鲜、小炒、燖火腿、燖火爪、炸排骨、炸紫盖、炸八块、炸里脊、炸肠、烩肠、爆肚、汤爆肚、醋溜肚、芥辣肚、烩肚丝、片肚、十丝大菜、鱼翅三丝、汤三丝、拌三丝、黄芽三丝、清炖鸡、黄焖鸡、麻酥鸡、口蘑鸡、溜渗鸡、片火鸡、火夹鸡、海参鸡、芥辣鸡、白片鸡、手撕鸡、风鱼鸡、滑鸡片、鸡尾搁、炖鸭、火夹鸭、海参鸭、八宝鸭、黄焖鸭、风鱼鸭、口麻鸭、香菜鸭、京冬菜鸭、胡葱鸭、鸭羹、汤野鸭、酱汁野鸭、炒野鸡、醋溜鱼、爆参鱼、参糟鱼、煎糟鱼、豆豉鱼、炒鱼片、炖江鲚、煎江鲚、炖鲥鱼、汤鲥鱼、剥皮黄鱼、汤黄鱼、煎黄鱼、汤着甲、黄焖着甲、斑鱼汤、蟹粉汤、炒蟹斑、汤蟹斑、鱼翅蟹粉、鱼翅肉丝、清汤鱼翅、烩鱼翅、黄焖鱼翅、拌鱼翅、炒鱼翅、烩鱼肚、烩海参、十锦海参、蝴蝶海参、炒海参、拌海

三、七里山塘

参、烩鸭掌、炒鸭掌、拌鸭掌、炒腰子、炒虾仁、炒虾腰、拆炖、炖吊子、黄菜、溜皮蛋、芙蓉蛋、金银蛋、蛋糕、烩口蘑、炒口蘑、蘑菇汤、烩带丝、炒笋、荬肉、汤素、炒素、鸭腐、鸡粥、十锦豆腐、杏酪豆腐、炒肫干、炸肫干、烂煨甲鱼、出骨甲鱼、生爆甲鱼、炸面筋、拌胡菜、口蘑细汤,等等。另有点心:八宝饭、水饺子、烧卖、馒头、包子、清汤面、卤子面、清油饼、夹油饼、合子饼、葱花饼、馅儿饼、家常饼、荷叶饼、荷叶卷蒸、薄饼、片儿汤、饽饽、拉糕、扁豆糕、蜜橙糕、米丰糕、寿桃、韭合、春卷、油饺,诸如此类,应有尽有。总之,满汉全席,汤炒小吃,要啥有啥,式式俱全。一桌酒席,八盆四菜,四大八小,五菜,四荤八拆,五簋,六菜,八菜,十大碗,都可以,随你意,价又便宜,每席一两至十余两银子,还给你七折优惠。这样的酒楼,吃客怎会不满意,一满意,能诗的就来了诗兴,不知有多少人写过山塘酒楼。像我们这一节开头引用的两句诗,就是清代著名诗人赵翼所写,他这首《山塘酒楼》诗,全诗是:"清簟疏帘软水舟,老人无事爱清游。承平光景风流地,灯火山塘旧酒楼。"其余这类诗留下的还有沈朝初《忆江南词》:"苏州好,酒肆半朱楼。迟日芳樽开栏畔。月明灯火照街头。雅座立珍羞。"吴绮《饮虎丘酒楼》:"新晴春色满渔灯,小憩黄垆画桨停。七里水环花市绿,一楼山向酒人青。绮罗堆里神仙剑,箫鼓声中老客星。一曲高歌情不浅,吴姬莫惜倒银瓶。"顾我乐《绝句》:"斟酌桥边旧酒楼,昔年曾此数觥筹。重来已觉风情减,忍见飞花逐水流。"吴周铃《饮虎丘山景园》:"树未雕霜水叠鳞,秋来泛棹记初巡。为呼绿酒凭高阁,怡对青山似故人。弦管渐随华月减,园林催斗晚香新。眼前风景堪留醉,且喜偷闲半日身。"通过这些诗词,酒楼自然更成了山塘街的一道醇香的风景了。

还有一道风景也带香味,不过与酒香不同,那是茶香,山塘街茶馆又是极多的。茶馆大多集中在星桥、半塘、虎丘等处的河畔,内附水灶,兼卖开水给周围居民。到了清代后叶,苏州评弹兴起,茶馆就跟大书、小书结了缘,很多茶馆都附设了书场。苏州评弹的发展,茶馆有着不可抹杀的功劳。苏州人孵茶馆,有茶喝,有书听,若要小吃,座位间随时有小贩穿梭兜售,想吃点心,门口檐下就有生煎馒头摊,茶博士乐意代劳,小费也不向你讨。孵茶馆,实在也是苏州人的一种福气,陆文夫有篇文章《门前的茶馆》,是写给日本人看的,却也告诉了我们昔日山塘茶馆是什么样子的:

> 早在四十年代初期,我住在苏州的山塘街上,对门有一家茶馆。所谓对门也只是相隔两三米,那茶馆店就像是开在我的家里。我每天坐在窗前读书,每日也就看着那爿茶馆店,那里有人生百图,十分有趣。
>
> 每至曙色朦动,鸡叫头遍到时候,对门茶馆店里就有了人声,那些茶瘾很深的老茶客,到时候就睡不着了,爬起来洗把脸,昏昏糊糊地跑进茶馆店,一杯浓茶下肚,才算是真正醒了过来,才开始他一天的生涯。
>
> 第一壶茶是清胃的,洗净隔夜的沉积,引起饥饿的感觉,然后吃早点。吃完早点后有人起身走了,用现在的话说大概是去上班的。大多数的人都不走,继续喝下去,直喝到把胃里的早点都消化掉,都是吃通了。所

三、七里山塘

以苏州人把上茶馆叫做孵茶馆,像老母鸡孵蛋似的坐在那里不动身。

陆文夫笔下的小茶馆,是个大世界,形形色色的人物都在这儿出没,茶客既是"演员",又是"观众",观看各种兜生意的小贩,卖香烟、瓜子、花生的终日不断,卖大饼油条、油氽豆腐干、鸡鸭血汤、糖粥、小馄饨的,有些拎篮进出,有些店前摆摊,面黄饥瘦、发育不全的卖唱小姑娘搀着拉二胡的瞎子,风雨无阻要来这儿讨几枚铜板度日。茶馆里还经常有吃"讲茶"的,陆文夫把这种吃"讲茶"比做民间"法庭",有民事纠纷的双方各自请来的能说会道之人,和现在的律师差不多,一位有权势的地方上头面人物,坐在正中一张茶桌上,像个法官,孵茶馆的老茶客们就有点像陪审团了。不过,茶馆毕竟不是法庭,所以每有吃"讲茶",少年陆文夫就必去看"闹猛",三天两头看到大骂山门,大打出手,打得茶壶茶杯乱飞,板凳桌子断腿。这种最后往往会演变成"全武行"的吃"讲茶",却丝毫也不影响成为著名作家后的陆文夫追忆昔日茶馆时笔下自然流露的趣味。

这样的茶馆,这样的一种苏州人的福气,可惜现在再也莫指望恢复了。

陆文夫一定也和许多苏州人一样,深感惋惜,所以,他在《门前的茶馆》中写下了这么一段话:

解放以后苏州城里的茶馆店逐步减少以至于消失了,只有在农村里的小集镇上还偶尔可见。五年前我

千年阊门

曾经重访过山塘街上的那家茶馆,那里已经没有了茶馆的痕迹,原址上造了三间新房和一个垃圾箱。

我们丢失的东西未免太多了!

四、画 难 工

唐伯虎与阊门的关系不同于其他任何人。这个特殊关系,体现于唐伯虎专门替阊门写的一首诗。

一首特佳的诗。

在世人眼中,唐伯虎一年365天,似乎总是活得潇潇洒洒,轻轻松松。难怪,这个唐解元,少年就得志,才气又高,诗、书、画无所不精,尤其是画,简直到了神乎其神的地步。民间传说,他画几个虾,往水里一丢,"毕剥毕剥",虾都活了,一个个活蹦乱跳,一跳一跳跳到你的饭桌上,你抓一个朝酱麻油碗里蘸一蘸,放进嘴巴,啊呀,味道崭得死脱!这样的一个人物,怎么会活得不滋润呢?何况唐伯虎还将自己称做"江南第一风流才子"呐。

唐伯虎在《苏州文化手册》中有一辞条:

唐寅(1470~1523),字伯虎,又字子畏,号六如居士、桃花庵主、逃禅仙吏。苏州人,明代书画家。弘治十一年(1498年)南京解元。擅山水,初学周臣,后师沈周。能融会南宋李成、范宽、马远、夏圭及元代四家画法,结构严谨缜密,行笔秀润挺健。水墨淋漓,极有韵味,精工笔,亦善写意。苏州博物馆藏其所作《农训图》山水中堂,着墨随意,有文人画特点。平时所作人物、仕女、观楼,系结合李公麟、赵孟𫖯之法而成,笔墨流动,细致艳丽。花鸟画采用写意为多,源于沈周。书法学赵孟𫖯,疏朗有致。又擅诗文,曾写应世文字诗歌,也喜作题画诗。其性任逸不羁。尝刻有"江南第一风流才子"。晚年好佛事,曾筑宅于桃花坞,自称桃花庵主。著有《六如居士全集》。

这一辞条把唐伯虎基本上介绍清楚了。唐伯虎入辞书甚多,我们之所以不从其他更权威的辞书抄录,是因为《苏州文化手册》系苏州人所编,乡梓后学对唐伯虎的辞文,总要显得亲切得多吧?

只是从这个辞条中,看不出唐伯虎的糟糕心情来。

唐伯虎真的经常觉得不舒畅,不如意,这与他的坎坷经历是分不开的。他先是冤乎枉哉涉嫌什么"科场舞弊案",断送了仕途晋进之路,还被捉入牢里,侥幸未死,却也脱了几层皮。后来,他又差一点给稀里糊涂拉进藩王谋反之中,幸亏他机敏,察觉得早,装疯脱了身,逃回了故乡苏州,从此心灰意懒,躲在桃花坞的疏疏密密若干株桃树深处死心塌地搞他的艺术了。桃花坞是他自己选的安身之地,桃花开的时候,他似乎就有了那么点儿慰藉,仿佛天地之间,尚留

四、画 难 工

一片美艳,也就给他的生活增添了一些亮色。这种心情,这种景象,唐伯虎流露在了一首诗里。这首诗叫《桃花坞》,诗云:"花开漫烂满村坞,风烟酷似桃源古;千林映日莺乱啼,万树围春燕双舞。青山寥寂无烟埃,刘郎一去不复来;此中应有避秦者,何须远去寻天台?"唐伯虎对桃花坞的钟情渗透在了这首诗的字里行间。桃花坞因为有了桃花才叫桃花坞的,因此也可看到唐伯虎对桃花的钟爱了。可惜,桃信有期,落花无奈,一树霞雾,几番风雨,花瓣便已荡然无存了,只剩下了唐伯虎一声声的嗟叹,一缕缕的惆怅。

唐伯虎既为苏州人,以苏州为题材的诗画不会少,他就写过一首姑苏四季风情连带风味小吃的诗,叫做《江南四季歌》:

江南人住神仙池,雪月风花分四季;
满城旗队看迎春,又见鳌山烧火树。
千门挂彩六街红,凤笙鼍鼓喧春风;
歌童男女路南北,王孙公子河西东。
看灯未了人未绝,等闲又话清明节;
呼船载酒竞游春,蛤蜊上巳争尝新。
吴山穿绕横塘过,虎丘灵岩复元墓。
提壶絜榼归去来,南湖又报荷花开。
锦云乡中漾舟去,美人鬓压琵琶钗;
银筝皓齿声继续,翠纱汗衫红映肉。
金刀剖破水晶瓜,冰山影里人如玉;
一天火云人未已,梧桐忽报秋风起。

千年阊门

> 鹊桥牛女渡银河,乞巧人排明月里;
> 南楼雁过又中秋,悚然毛骨寒飕飕。
> 登高须向天池岭,桂花千树天香浮;
> 左持蟹螯右持酒,不觉今朝又重九。
> 一年好景最斯时,橘绿橙黄洞庭有;
> 满园还剩菊花枝,雪片高飞大如手。
> 安排暖阁开红炉,敲冰洗盏烘牛酥;
> 销金帐掩梅梢月,流酥润滑钩珊瑚。
> 汤作蝉鸣生蟹眼,罐中茶熟春泉铺;
> 寸韭饼,千金果,鳖群鹅掌山羊脯。
> 侍儿烘酒暖银壶,小婢歌阑欲罢舞;
> 黑貂裘,红毷氉,不知蓑笠渔翁苦。

这首诗,唐伯虎写尽了江南一年四季的风物风俗风情风貌,兼带着还写出了江南也就是苏州的风味小吃。

唐伯虎很想写一写阊门。

唐伯虎时代的阊门,是苏州第一繁华地段。直到清朝,曹雪芹笔下的阊门,还是非常繁荣的。后来衰落了,是因为太平军攻打苏州,无情的战火烧毁了阊门附近几条最闹猛的街道,商家纷纷迁往城内,观前街得以迅速崛起,赢得了"天堂第一街"的美称,阊门一带才屈居苏州闹市老二的地位。所以,我们敢想象阊门在唐伯虎的眼里,一定是苏州的标志,是人间最富庶最瑰丽的一隅。唐伯虎眼里的阊门,雍荣华贵,落落大方,端庄腴美,风情万种,就像他画的仕女,叫人百看不厌,越看越爱。唐伯虎这首《江南四季歌》,说是

四、画　难　工

写江南,写苏州,其实描述的正是阊门,其中提及的一些地名,吴山啦,虎丘啦,还有什么天池啦,都在阊门外,其他游玩场所,当时也是出阊门交通最为便捷。阊门外,男客有马可寻,女眷有轿可租,你在那儿花不了几个钱,便能借得一匹骏马,马鞭一扬,"得得得得",一路官塘,绝尘而去,岂不快哉！如果你觉得骑马不稳,不妨雇一头驴,小毛驴乖得很,"的笃的笃",慢悠悠地朝前踱,让你有足够宽裕的时间观赏两旁的野景。这小毛驴就是如此通人性,怪不得冯梦龙要用一首"竹枝词"来赞它,说有个赶脚的牵了一头小毛驴,在等一对恋人告别,恋人舍不得分手,赶脚的左等右等,等了又等,硬是等不来这对恋人有一丝一毫分别的迹象,赶脚的终于忍不住发话了:"喂喂,您两位,这么泪汪汪的这么久了,别的倒没有什么,只是苦了我的驴儿了,它的腿都站酸了。"赶脚的说话挺风趣,也还算顾惜这对恋人,可是他的驴儿比他更懂得顾惜恋人,怎么顾惜？冯梦龙没有写。妙就妙在这个"没有写"。这头驴在整整一首"竹枝词"里压根儿不曾吭一声气。小毛驴是不大耐得住寂寞的,动不动就会"亢啊亢啊"怪叫一阵,把人冷不丁吓一大跳,它便偷着乐。冯梦龙那头小毛驴从太阳高挂默默地站到太阳西斜,一动不动,一声不哼,你说它通不通人性？冯梦龙定是看多了苏州阊门外的驴子,才塑造出了那首脍炙人口的"竹枝词"中的驴儿形象的。总之吧,凡是与阊门沾上边的一切,都会变得特别的可爱。

在唐伯虎之前,前人围绕阊门,是写过一些锦词妙句的。

千年阊门

白居易就写过一首《登阊门闲望》：

> 阊门四望郁苍苍，始觉州雄土俗强。
> 十万夫家供课税，五千弟子守封疆。
> 阊阎城碧铺秋草，乌鹊桥红带夕阳。
> 处处楼前飘管吹，家家门外泊舟航。
> 云埋虎寺山藏色，月耀娃宫水放光。
> 曾赏钱塘嫌茂苑，今来未敢苦夸张。

白老夫子这首诗在摆噱头了，一开始就用了个"闲"字，"闲望"，你哪有这么闲呵，你跑到苏州来做府太爷，公务够你忙的，怎有这么多闲工夫呀？你这个"闲"，充其量是忙里偷闲罢了，你这个"闲"字里，透露着太多的得意，太多的滋润。也难怪你这么得意，这么滋润，你管着个苏州嘛！苏州是什么地方？天下数一数二的富庶之邦。你诗中就写得明明白白，"十万夫家供课税"，你一点也不曾吹牛，你那个朝代，苏州硬碰硬已经有十万户了，这个"户"都是人丁不稀少的户，自古以来中国人都以祖孙三代为天伦之乐的一个境界，最好是四世同堂，五世同堂，这么算来，至少一户也得五六口人吧，十万户最保守的数字就是五六十万人！这么多人，又是在一个富庶之地劳作，向朝廷缴纳的赋税当然是很可观的了。老夫子啊，你坐在阊门城楼上东张西望，望到的全是笙管丝竹，锦帆轻舟，不足为奇啊。你作为治理这块地方的最高地方官，你当然要由衷地夸一声"州雄土俗强"了。这个评语对于苏州，一点不过分。或许你意识到了这一点，所

四、画 难 工

以你要补充一句:以前我在杭州当太守的时侯,特别偏爱杭州,想当然地将钱塘(杭州)与茂苑(借指苏州)作比较,认为苏州太繁荣,不如杭州皆适中得宜。现在我对苏州真正了解了,才知道先前那个比喻有所不当,再也不敢用那样的语气评说苏州了。

比白居易更早写到阊门的,是晋代的陆机,他写过一首《吴趋行》:

> 楚妃且勿叹,齐娥且莫讴。
> 四坐并清听,听我歌吴趋。
> 吴趋自有始,请从阊门起。
> 阊门何峨峨,飞阁跨通波。
> 重栾承游极,回轩启曲阿。
> 蔼蔼庆云被,泠泠鲜风过。
> 山泽多藏育,土风清且嘉。
> 泰伯导仁风,仲雍扬其波。
> 穆穆延陵子,灼灼光诸华。
> 王迹隤阳九,帝功兴四遐。
> 大皇自富春,矫手顿世罗。
> 邦彦应运兴,粲若春林葩。
> 属城咸有士,吴邑最为多。
> 八族未足侈,四姓实名家。
> 文德熙淳懿,武功侔山河。
> 礼让何济济,流化自滂沱。
> 淑美难穷纪,商榷为此歌。

千年阊门

陆机往后,诗涉阊门就频频了,唐代张籍,原籍吴郡,后来移居安徽和县,写诗还念念不忘阊门,他的《送从弟戴玄往苏州》首联就是"杨柳阊门路,悠悠水岸斜。"活脱脱一幅水墨画。他寄给白居易的一首七绝,又忍不住把这幅水墨画展示了一下,写道:"阊门柳色烟中远,茂苑莺声雨后新。"越发的美不胜收了。美到什么地步?"知君忘却曲江春"!曲江,京都长安南郊的一个游览胜地,殿宇环立,烟水明媚,任何人去过一次就终生难忘,可是,张籍说:你只要到苏州阊门转一转,保管你把曲江也会丢到脑后去呢!张籍对阊门的推崇,真令人感动。

张籍写阊门,不经意间写成了一个模式,其后别人写阊门,好像很少有跳出张籍的窠臼的。如李绅写的《过吴门二十四韵》是:

> 烟水吴都郭,阊门架碧流。
> 绿杨深浅巷,青翰往来舟。
> 朱户千家室,丹楹百处楼。
> 水光摇极浦,草色辨长洲。
> 忆昨麻衣翠,曾为旅櫂游。
> 放歌随楚老,清宴奉诸侯。
> 花寺听莺入,春湖看雁留。
> 里吟传绮唱,乡语认歈讴。
> 桥转攒虹饮,波通斗鹢浮。
> 竹扉梅圃静,水巷橘园幽。

四、画 难 工

缝堵荒糜苑,穿岩破虎丘。
旧风犹越鼓,余俗尚吴钩。
故馆曾闲访,遗基亦偏搜。
吹台山木尽,香径佛宫秋。
帐殿菰蒲掩,云房露雾收。
苎萝妖覆灭,荆棘鬼包羞。
风月俄黄绶,经过半白头。
重来冠盖客,非复别离愁。
候火分通陌,前旌驻外邮。
水风摇彩旆,堤柳引鸣驺。
问吏儿孙隔,呼名礼敬修。
顾瞻殊宿昔,语默过悲忧。
义感心空在,容衰日易偷。
还持沧海诏,从此布皇猷。

唐代许多诗人如此,宋代呢?

看看范成大是怎么写阊门的。

进士出身的范成大,累官至参知政事,相当于其他朝代的丞相。晚年退归乡里,筑庐石湖,人称"范石湖"。范成大在诗词上卓有成就,与陆游、杨万里、尤袤并称"南宋四大家"。而且范成大当官的时候,官声上佳,的确是个难得的好官。苏州人因为有这么个名诗人兼好官而骄傲。《范石湖集》中有一首《半塘》,诗云:

柳暗阊门逗晓开,半塘塘下越溪回。

千年阊门

  炊烟拥柁船船过,芳草缘堤步步来。

  范成大写半塘,从阊门写起,看似随意闲步,信手拈来,却已使通篇结构从一开始就完整得无可挑剔,不愧大家手笔。但是,也仅写了阊门世俗化的一面而已。

  元代顾瑛,昆山人,工诗善画,写过一首《泊阊门》:

  枫叶荷花暗画船,银筝断绝十三弦。
  西风只在寒山寺,长送钟声扰客眠。

  将顾瑛这首诗和张继的《枫桥夜泊》对照,很有意思,顾瑛和张继,隔了一个宋代,几百年的历史,苏州在宋代开始了突破城垣的尝试,城外尤其是西部逐渐繁荣起来,所以顾瑛诗中有画船银筝,而张继只闻夜半钟声。

  诗言志。但是,诗的功能不局限于抒诗人一己的胸臆,更多的时候是时代的记录。因此,只有到了唐伯虎的时代,诗人写阊门才透出了更多的商业气息。

  高启是明初"吴中四杰"的领衔人物。高启的《皋桥》诗就描摹了阊门作为商业中心带来的色彩:

  阊门啼早鸦,拂面见飞花。
  绿水通螭舫,红桥过犊车。
  谁寻伯通宅,只问泰娘家。

  唐代的另一位名诗人刘禹锡,也诗咏泰娘,"泰娘家本

四、画 难 工

阊门西,门前绿水环金堤。"还有个伊乘,写过一首《雨泛长荡夜泊阊门》:"钓桥通郭俯清流,月照朱帘卷画楼,醉里笙歌喧夜市,千家灯火似扬州。"另有一个屈大均,写过一首《阊门曲》:"姑苏台上柳花开,飞落西施碧玉杯。一自吴王春宴罢,宫莺衔过若耶来。"你看,螭舫、金堤、醉里笙歌、飞落玉杯,如果不是商品经济发展到了相当程度,诗人们的想象力再丰富,诗中也不会频频出现这些东西的。

于是,唐伯虎就有了要写一首把阊门的历史和现实融为一体的诗的意愿。

我们甚至可以想象:唐伯虎站在山塘街口渡僧桥上,回头望阊门,阊门全景尽收眼底,阊门在唐伯虎的眼中显得分外的巍峨雄奇。阊门常见,但此情此景唐伯虎对阊门的感觉不常有,唐伯虎分明已被这阊门的繁荣景象迷住,沉醉在了自己的情感中,产生了一种意欲拥抱这座雄关的强烈冲动。

让我们继续展开想象的翅膀:唐伯虎在渡僧桥上站了很久很久,为了作一首诗,一首关于阊门的诗。他一遍遍打着腹稿,一次次推翻,真有点当年贾岛推敲月下僧与门的精神了,或许还有点诗圣杜甫"语不惊人死不休"的遗泽。不管怎么说吧,总而言之,唐伯虎是胶在了咏阊门上了,至少也得作出一首让自己满意的诗来。作出来了,对得起自己,也对得起这座阊门。唐伯虎是个才思敏捷的人,还从未像今天这样作诗作得如此艰难,如此呕心沥血。唐伯虎之所以如此,归根结底,是因为阊门值得他赞颂,阊门理应有一首属于她的让人过目不忘、乐于传颂的高品位的诗,就像寒

千年阊门

山寺已经拥有的一首《枫桥夜泊》一样。

假如没有阊门,很可能就错失了张继的这首千古绝唱。

假如自有阊门以来,阊门不是那样繁荣,就吸引不了南来北往各色人等,更不会引起前朝后代这么多的文人墨客频频逗留,专程造访。寒山寺在张继以前,并不名闻遐迩,张继不可能风尘仆仆跑那儿去发思古之幽情,张继必定是前来苏州途中,正巧船到枫桥天色已晚,才傍寺泊舟,泊出这首惊人之作的。

假如当时以阊门最为典型的苏州繁华不起到对于寒山寺与它的这首诗的烘托作用,互衬作用,寒山寺的夜半钟声便不至于如此至净至远,绵绵不绝,张继的"姑苏城外寒山寺,夜半钟声到客船"就有沦为淡而无味大白话的危险。寒山寺不在苏州阊门外,人们读张继的诗,就不会生发出远远超出诗、超出寺,甚至超出阊门、超出苏州,直至超越时空的联想和感受了。

所以说,阊门必须有它自己的"枫桥夜泊"了!

唐伯虎正在做阊门的"张继"。

唐伯虎要把明代的阊门灌注到历史的阊门中去。

唐伯虎作的诗终于完成了。这首诗,就是后来人们一提起苏州阊门,就必然引用的《阊门即事》。

> 世中乐土是吴中,内有阊门又擅雄。
> 翠袖三千楼上下,黄金百万水西东。
> 五更市贾何曾绝,四远方言总不同。
> 若使画师描作画,画师应道画难工。

四、画难工

唐伯虎这首《阊门即事》,的确是自有阊门以来所有写阊门的诗词中最好的一首。

　　唐伯虎是苏州人的骄傲。唐伯虎也确实值得苏州人骄傲,因为他是苏州文化的代表人物。苏州文化有一长串代表人物,但没有一个像唐伯虎这样家喻户晓,妇孺皆知。唐伯虎就是如此的名冠苏城,声震吴中。

　　唐伯虎作为苏州文化最杰出、最典型的代表,他专为阊门写了一首无比出色的诗,就替阊门抹上了浓得化不开的文化色彩。

唐寅墓

　　阊门的著称于世,原就不止于商市,还有文化。阊门的文化沉淀,太多太多,太厚太厚,一个突出的表现,就是围绕阊门有着发掘不尽的民间传说。一个民族的民间传说不丰富,这个民族很难说是文化渊源很久长的民族,一个地方亦

千年阊门

是如此。苏州在这方面是可以骄傲的,苏州的一巷一桥都有传说,阊门亦无一巷无一桥无有传说,而且都是非常优美非常动人的传说。

我们这里讲两个前文提到的、与阊门内外相关的传说。

一个是桃花坞木刻年画的传说。

桃花坞木刻年画

过去,每到春节临近,苏州城里城外,大街小巷,许许多多店铺都会挂出桃花坞木刻年画来卖,还有人背了一卷卷年画走街穿巷兜售,一路唱山歌,吸引大人小孩。这种山歌都是根据年画内容即兴创作的,有些非常生动,一听就记住了,于是孩子们做游戏的时候也唱它,流传开来,一代又一代,直到如今还有人背得出来:"大雄鸡,天亮辰光喔喔啼,勿吃粞来勿吃米,拍拍翅膀飞下地,蛇虫百脚吃勿及。"卖画人是根据一幅《金鸡报晓》编的,这首歌谣还进而产生了一则民间传说。说的是苏州郊区有座上方山,上方山上供着五通神,五通神是个邪神,老是向周围村民勒索供

四、画　难　工

品,稍不满足,他就放出毒蛇蜈蚣来咬村民,咬一个死一个。有位老婆婆的儿子儿媳小孙子都给咬死了,她觉得孤单单一个人活在世上没意思,就跑到行春桥上打算跳河自尽。这时候有个卖年画的唱着这首山歌走了来,劝阻了老婆婆,送了她一张《金鸡报晓》,让她拿回家去试试。老婆婆晚上把这张年画挂在大门口,第二天一早开门一看,门前一地死蛇死百脚(蜈蚣)。这消息一传十,十传百,村民都进城买有大公鸡的桃花坞木刻年画,这些大公鸡晚上一齐从画上飞出来,非但把五通神放出的蛇虫百脚统统啄死了,还一不做二不休,呼啦啦一大群飞到上方山,把个五通神塑像啄得千疮百孔,五通神给啄怕了,从此不敢再勒索村民,更不敢放出毒虫来害人了。

另一个是枫桥畔寒山寺的民间传说。

说的是寒山寺为什么叫"寒山寺",而不叫"拾得寺"。原来,寒山、拾得两位高僧一起来到寺中,谁做当家和尚反而成了问题。寒山、拾得两人都很谦虚,谁也不肯做当家大和尚,小和尚们就犯难了,大事小事去请示,寒山说:"去问拾得。"拾得说:"去问寒山。"弄得小和尚没得法子,便向观音菩萨像乱磕头,请观音解决这个难题。观音摇身一变,变做一个乡下老太婆,找到寒山、拾得,说自己是对面村上人,隔条大河来去不便,请两位高僧替乡亲造座桥。这种善行是出家人应该做的,拾得先施法,把身上袈裟一脱,朝河面上一抛,顿时变做了一个桥面,可是没有桥骨,眼看就要塌掉,寒山一指岸边一棵枫树,枫树便拔地而起,飞往河上,朝袈裟桥面下一拱,变做了结结实实一座桥架,桥就稳稳当当架起来了。观音哈哈大笑,变回原形,说还是寒山本领大一点,本领大的当家吧。这样,寒山就成了这座寺庙的当家和尚,寺庙也就顺理成章以他的法号命名了。

你说,阊门是不是文化积淀很深厚的地区?

五、阊 门 劫

1860年,即清咸丰十年,对于苏州阊门,真是个大劫难之年。

阊门屹立至今2500多年,遇到的劫难自然不是1860年这一次,粗略计算,至少也有十多回了,最早的一次,当在战国初。

那时吴、越世仇,争战不息,越国被吴王征服之后,勾践以卑陋之状,行复国之实,经过十年休养,十年生息,终于乘吴王夫差倾全国之力争霸中原,吴郡空虚之机,攻破姑苏大城,苏州遭到了历史上第一次破坏。

此后直到晋代,苏州虽也时有天灾人祸,但元气未有大伤。两晋时期,战乱对于苏州的破坏就多了起来。西晋建立中央政权后,三吴地区的士族集团不甘臣服司马氏,以苏州为中心,不断反叛,晋王朝当然就要不断发兵平叛,对苏州就不断地形成损害。这种拉锯式的反叛平叛延续四十余年。东晋替代西晋,状况非但没有改善,反而越演越烈,不仅是地方势力发乱,而且觊觎金銮宝座的权臣之乱也加入进来,举兵反叛。如322年王敦叛乱,其部下沈充引兵攻占苏州,严重骚乱了这座城市。327年,平王敦有功的苏峻自己发动了更大规模的叛乱,分诸将攻占苏州及江东诸郡县,叛将张健攻入苏州后烧杀掳掠,给苏州造成了很大的灾难。其后,权臣擅朝政在内,悍将拥重兵于外,百姓不堪忍受,爆发起义。对苏州地区揭竿而起者,官军加以镇压,杀人如麻,纵掠更是家常便饭。在这过程中,苏州屡遭荼毒。进入南朝时期,苏州又频遭兵祸,其中可称浩劫的是侯景之乱。梁朝末年,羯人侯景投奔梁政权不久便举兵叛乱,攻进京城建康(今南京),控制了朝政。549年侯景遣将于子悦、张大黑进攻苏州,大肆烧杀,"逼掠子女,毒虐百姓,吴人莫不怨愤"。名士顾野王以及陆缉、戴文举先后组织苏州百姓设置城栅,抵抗叛军,终因不敌,苏州落入叛军之手,叛军兽性大发,大肆杀掠以为报复,不光是将苏州大室小户的金银财帛,乃至一切生活用品掠夺殆尽,甚至"掠人而食之"!可见行径之残忍!这场战乱之后,又逢大旱,加上蝗虫遮天蔽日,"百姓流亡,相与入山谷、江湖,采草根、木叶、菱芡食之。所在皆尽,死者蔽野。""千里绝烟,人迹罕见,白骨成聚,如丘陇焉。"

唐代安史之乱,战火虽未烧过长江,但肃宗上元元年(760年),苏州为叛将张景超所据,官军自来平叛,苏州烽烟顿起,百姓纷纷逃难,邑居为之空虚。乾符二年(875年),浙西镇遏使王郢作乱,苏州城池墙圮门毁,损伤严重。唐末藩镇割据,争城夺池,苏州也给卷入了混战的漩涡,自

五、阊门劫

光启二年(886年)起,十余年间苏州鼙鼓不断,战云密布,搞得苏州遍体鳞伤,损失惨重。尤其让人后怕的是,公元890年,淮南节度使孙儒率淮南兵攻破苏州,这一支淮南兵特别凶狠残暴,穷凶极恶地烧杀抢掠,撤离时还要放一把大火,差点将苏州焚为一片废墟。

五代的战乱终于到了结束的时候,赵匡胤陈桥兵变,黄袍加身,重新建立了中央集权国家,是为宋朝。赵匡胤在历朝开国君主中是不那么狠毒的,对功臣不加杀戮,而采取赎买政策,留下了著名的"杯酒释兵权"故事。有史学家分析,因为赵匡胤把富有经验的大将的指挥权都用子子孙孙安享荣华富贵换下了,所以赵宋王朝从一开始军事上就注定较弱。这个军事上并不很强大的王朝,在边患不断中居然捱了300多年。徽、钦二帝被金兵所掳,康王逃到长江以南做了半壁江山的皇帝,史界以此划线,把宋朝称为北宋和南宋。南宋建炎四年(公元1130年)二月,苏州就一度陷落,金兵"自盘门入,劫掠官府民居子女玉帛、廪库积聚,烟焰见二百里,凡五昼夜"。(《吴县志·兵防考》)五天五夜的大火,把个苏州城烧得焦头烂额,金兵刚退,宋军郭仲威部跟进,又是一番搜刮焚掠,苏州城再次遭殃。兵祸已然不堪,老天也不怜恤苍生,入夏瘟疫大作,又是死人无数。阊门和全城一样,饱受创伤,最明显的是山塘街,给搞得十室九空,一片荒凉。到了南宋末年,阊门又和全城一起,被打进苏州来的元军重演了当年金兵滥杀的一幕,只是元军想永久占领苏州,所以,仅是杀人示威,火大概未放,苏州未像南宋初年那般"一城殆空",几成废墟。南宋的两次苏州遭屠,阊门有一

千年阊门

功劳需要特别一提,就是金兵元军都是从盘门攻入的,苏州士民涌往阊门逃生,史载"得脱者十之二三",这些人成了时局平稳后重建苏州的力量。

元朝是短命的,不到100年就让给了朱元璋的明王朝。苏州吃这位来自凤阳穷乡僻壤的朱皇帝的苦头不小,当时占据苏州的是私盐贩子出身的泰州张士诚。张士诚在苏州自称大周王,不买朱元璋的账,拒绝朱元璋的一再劝降。朱元璋发兵攻打,张士诚与朱元璋的大将徐达、常遇春决战于虎丘、山塘街、北濠街一带,阊门外这些繁华区域付之一炬。张士诚最后兵败被俘,押到南京被乱棍打死。朱元璋还不解恨,恨苏州人助张士诚守城,就用额外加重苏州田赋来加以报复,这个政策竟就一直延续了下来。张士诚对苏州人还比较宽厚,控制苏州的阶段并未过分凌虐百姓,对比生性阴刻、气量狭窄、凶残暴戾、反复无常的朱元璋,苏州人难免格外怀念这位未成气候的张大王,每年农历七月三十日,张士诚生日,假托烧地藏香,苏州家家户户在地上插上棒香,焚香偷偷纪念他。这种做法一年年一代代传下来,成了苏州独有的一个风俗。苏州人称这种风俗为烧九四香,读别了变成烧狗屎乡。九四是张士诚的小名,可见老百姓看人评价人,是有他们自己的是非标准的。苏州尤其是阊门百姓有足够的理由厌恶朱大麻子,阊门住户让朱元璋迁走了一大批富户,财产给夺没入官,人给赶到穷地方去,这对阊门的经济是个沉重打击。

清初,苏州遭受的又一次劫难,来自辫子兵。拖着一条辫子的八旗骁勇,由吴三桂充前锋,将李自成打得溃不成

五、阊门劫

军,北京的金銮殿就改挂上了大清的牌子,原来朱家的天下当然要让努尔哈赤的子孙囊括了。满洲铁骑马不停蹄,杀向中原,杀向江南,一路摧枯拉朽,所向披靡,应该说,此时的八旗将士是朝气蓬勃、挟带着新兴王朝的一股英武气概的。可是,总有些人不愿放弃没落的南明小朝廷,负隅顽抗的地方有那么几处,你城门紧闭不让他进来,他非要把你的城门打开,打着打着恼羞成怒了,打了进去就屠城,最出名的是"扬州十日"、"嘉定三屠",都与苏州相距不远。苏州倒是没怎么抵挡辫子兵,但清军屠出习惯来了,打到苏州手也痒痒的,于是外甥打灯笼——照旧,屠!苏州人真应了只有苏州才流行的一句谚语:"枪毙带豁耳朵",也给八旗兵砍掉了不少骷髅头。不知是巧合呢,还是辫子兵有意遵循金、元两辈老祖宗的路线,反正这回也是从盘门开始杀人的,把个盘门杀得出现了一个新名词:"冷水盘门"。八旗之所以未将苏州当扬州,主要还是他们原就不打算把苏州人斩尽杀绝,仅是吓唬吓唬苏州人,要苏州人乖乖地留头不留发,不要学酸溜溜的什么"肌肤毛发,父母所遗,损则不孝"之类的名堂。对于注定要灭亡的朝廷,不管是谁,不管祭出什么旗号,喊出什么口号,只要是让百姓为这个朝廷殉葬的,都是最不人道,最卑鄙的。

苏州在清初受了些兵刃,阊门也不是安然无恙,但总的说来,惊吓大于损失,只是在人们的意识中,八旗是异族之师,这一回也该算做苏州历史上、阊门记事上的一次较大的劫难。

上述均是 1860 年之前的事。

千年阊门

随着这一年的来临,真正的大劫难终于落到阊门头上了!

这一年,太平军攻占苏州。

这场战事,对于阊门将是毁灭性的。比起这回的大劫,以前历次劫难真所谓"小巫见大巫",根本不能比。以后呢,阊门也还有几次劫难,却也无法胜过1860年的这一回。所以,我们完全可以下这样一个结论:阊门1860年之劫是空前绝后的一劫。

太平军攻打苏州的主帅是李秀成。

李秀成是太平天国的忠王。这个忠王的确忠,忠到洪秀全亲笔所书"万古忠义"四字。这四字的后面是怎样的辛酸血泪,一般人是很难想象的。史料显示,李秀成是将老母、儿女当人质押给洪秀全,才获得了进军江南的应允,才得以从战略意义上完成他的"苏福省"

李秀成画像

构想,使洪氏太平割据王朝延续了若干年。李秀成称得上是太平天国最优秀、最有头脑、最苦心经营的一个人才。可惜,李秀成没有碰到一位"明主",洪秀全实在太让人失望了,这就注定了这位忠王的穷途末路。李秀成之败,不败于自身,也不败于他的对手曾国藩,实乃败在其主耳!总而言之,李秀成对于苏州阊门的被毁,很难说应负什么责任,问题在于李秀成这个忠王,无法节制他下面的许许多多洪天

五、阊门劫

王滥封的王,苏州阊门只能在劫难逃了。

李秀成的攻击苏州,首选目标就是阊门。

李秀成为什么选阊门为攻取苏州的突破口,我们不得而知。或许是他破了江南大营,自西而东,经常州、无锡至苏州,好像顺理成章必然从枫桥而攻阊门的。这一说并非没有道理,但世界上的事有时候并不是这么符合逻辑的,李秀成所处的环境,也很可能使他突发奇想不遵照历代攻入苏州的路途,却一反常态将阊门当做入城的门径。这就叫做军事上的创造性,发人之未敢发,成则大才,青史留名。这种赌博实在是了不起的人生赌博!这不是常人敢为之事。此事暂且不说。

我们所能说的是,阊门的被毁大概不应当算李秀成的账。太平军个别将士的纪律并不太好,烧杀掳掠的行径也是有的,我们没有必要避讳。但是李秀成在他能够节制的限度内,确实做到了少破坏少毁灭。这在民间是留有口碑的。

典型莫过于1990年江苏文艺版《姑苏野史》,吴趋先生撰"李秀成二百八十人破苏州"。现录如下:

> 李秀成的勇猛不及英王陈玉成,但智谋则过之。咸丰十年四月十三日(1860年6月2日),他乘大破清兵江南大营之威,统率大军,从天京挥戈东进,不费吹灰之力,在一个早晨攻破了有六万清军防守的江苏巡抚驻节之地苏州。
>
> 当时,苏州已成为清王朝东南地区的主要支撑点

千年阊门

之一,与上海、杭州鼎足而立;一旦苏州失守,清王朝在东南一片的局面将难以收拾。因此,江苏巡抚徐有壬决心死守,除城内原有防军外,又将原属江南大营调度的江南提督张玉良所部精锐留驻苏州,以壮实力,总兵力达十万之众。此时,据守常州的两江总督何桂清,听到李秀成大军压境,未敢出一兵一卒抵抗,即率部直向苏州撤退,一旦合流,力量更大。何况苏州城高池深,太湖之水流入,胥江、大运河和娄江绕城而过,水面辽阔,成为天然屏障,易守难攻;而李秀成全系步战之士,无一舟一楫可资利用,要攻破苏州,确实不易。

李秀成触景生计,挑选精兵锐卒二百八十人,装作难民,混入人群,日夜兼程,赶到苏州,提前进入城中。这时,徐有壬听到太平军已由常州东下,惟恐守城力量单薄,在城内招收民团,上城协守。李秀成的二百八十人全系精壮青年,乔装打扮,掺入民团,编入"毅勇",驻防阊门。

除此以外,李秀成还派遣细作,纷纷进城策应。比如苏州嘉余坊有个姓金的豆腐阿三,原来养了一头骡子,作为拉磨之用,勉度生计。想不到当地地保的儿子看中了他家的骡子,依仗势力,定要借去,骑到虎丘去玩。金老三不敢得罪,只好借给他。想不到一借不还,金老三上门讨骡,反遭毒打,死于拳下。其子呼天抢地痛哭一场,逃出城去。事过数月,邻居突然看见金老三之子身穿清朝官服,头戴顶子,回到嘉余坊老家。他行动隐秘,每天在乡亲邻里之中讲说太平军乃仁义之师,

五、阊 门 劫

拯救民众于水火之中。对谈得知己的,便悄悄拿出有字的黄布,分发给大家,说一旦太平军进城,只要拿出此布,不仅可以确保安全,还能当上差使。在金狮河沿、阊门内河中,也有太平军细作活动。有的被清兵搜获,小船内妻子儿女俨然一家,但在舱中却起出军械兵器。

四月十三日黎明,李秀成亲自率军,直抵苏州最为繁华的阊门;堂弟李世贤则迳叩胥门。虽时序初夏,但夜寒仍冽,防城清兵不堪其苦,竟叫民团彻夜上城守望,自己躲入城墙内沿的民居家中,拥衾而卧。满以为太平军发起攻城,民团看到,定会喧哗呼嚷报警。谁知"毅勇"中掺入的太平军看到忠王来到,立即持枪反戈,一声呐喊,从城上冲下。清兵睡犹未醒,猝不及防,顿时冲散。至此阊门大开,忠王兵不血刃,麾军入城。

李世贤军至胥门,城内清方道员李文炳本是小刀会成员,即与另一官员何信义启门相迎。至此,苏州不战而克,六万清军土崩瓦解,江南提督张玉良率本部兵马自盘门沿大运河南逃杭州,徐有壬一头栽在巡抚衙门后花园的荷花池而亡,提学使朱钧投太平桥河中溺死。其余清方官员,顿作鸟兽散。忠王李秀成进驻东北街拙政园,出令安民。东南重镇苏州,遂归于太平天国旗下,对支持太平天国的后期斗争起了巨大作用。后世有"李秀成二百八十人破苏州"之说,即源于此。

这是集民间关于太平军破苏州传说之大成的一篇文

章。当然这是近半个世纪来的民间传说了。

这个传说告诉了我们一个美丽的童话。这个童话是美化太平军的。

太平军,尤其是李秀成麾下的太平军,不是不存在可美化之处。关于李秀成,苏州人口碑很好,凡读点历史的,都知道他是太平天国最优秀最仁慈最清醒最忠心的一位统帅,太平天国后期主要靠他苦苦支撑的。当然还有个陈玉成,但陈玉成勇有余,谋不足,死得又早了几年,而且,经受的考验远不能与李秀成比。李秀成最严重的考验并非来自敌方,说来悲哀,恰恰是来自他以身家性命、全部智慧、浑身解数予以维护的洪天王!洪秀全以滥封王的手段来削弱李秀成的权力,甚至还在李秀成为解天京之围,准备统军与清营进行大决战的紧要关头,逼得李秀成将妻儿老母送往天王府做人质!李秀成对苏州的老百姓很爱护,包括对当时的地主乡绅,他也采用比较温和的有怀柔色彩的政策,所以,即便不识字的老百姓,都口口相传李秀成的许多很打动人的故事。有个故事叫"忠王赔了颗金人头",讲的是一位老学究被李秀成一个部下错杀了,李秀成问部下:老学究并未反对我们,为什么要杀这个人?部下振振有词,搬出洪天王的教条来说,这个老学究教的是四书五经,洪天王钦定四书五经是妖书,传授妖书就该杀。李秀成非常生气,把这个部下处死了,但老学究的命是无法赎回来了,连他的脑袋也不知弄到哪里去了,李秀成只好找了个高明的金匠,用纯金锻打了一颗人头,安装在老学究的无头尸身上,厚殓了这位屈死的老人。苏州百姓颂扬李秀成是出自内心的,上面那

五、阊 门 劫

篇"二百八十人破苏州"的文章也属于这种类型。阊门外渡僧桥堍,太平天国期间曾竖起过一座巍峨的石牌楼,上刻"民不能忘"四字,下署"合郡绅民敬颂忠王荣千岁德政"。这座讴歌忠王李秀成的牌坊虽在太平天国失败后即被拆毁,但清朝官书野史中都无一字说它是"长毛"强迫苏州百姓或强奸民意搭建的,可见李秀成确实受百姓爱戴。

苏州究竟是怎么攻破的,阊门又是如何被毁的,我们只有查找其他材料了。

我们查到了撰于清同治八年(1869年)王步青的《见闻录·苏州记事》,此文详细记叙了太平军攻占苏州的过程:

> 苏州为一省会之区,人烟稠密,城中设巡抚、布政、按察,一部院、两使司驻焉。而一府三县,又分境治之,各有署在。咸丰庚申春四月,粤贼(按:王步青对太平军的蔑称)由金陵东窜,初三日陷丹阳。提督张国梁阵亡。初五日两江总督何桂清弃常州,避寇上海,贼长驱直逼苏州,至枫桥。苏抚徐、布政使蔡、按察司朱与府县共守省城。时抚标兵赢弱,不满千人,徐抚调九邑兵,助守城之六门,初九日徐抚登城巡视,见阊门南濠,居民屋舍,皆附城依倚,虑贼缘之以上也。命焚之,于是一昼夜火光未息,居民大惊忧,有误贼至者,长洲邑尊李涕泣曰,此做乱之道也。贼于枫桥望见,疑有诈,不敢进,阅两日贼逼渐进,城外已有贼骑往来,店铺被劫,皆闭。十二日城内时获贼谍,店亦闭歇,晚有提督坐绿呢大轿,带亲兵十余人,入城见徐抚,观者有谓此

张总统所遣助守苏城者,马姓,兵皆屯阊门外,有谓此别省提督率兵过苏,为徐抚截留者,年可四十余,面黑须浓,一臂以绳络而挂于胫,云受霰子伤,须臾张灯出城去,究不知何事。是夕,城门悉闭,贼已阴至城下,而城内未觉,守阊门候补道李绍熙,本广东人,上海逆匪小景子党,降于前苏抚吉,后积军功,以道员补用,徐抚授以标兵二百,使率常熟兵二百守门,李开门纳贼。十三日昧爽,贼大股入城,戒勿声,分股,一袭官署,一上城巡陴,环走六门,胁降官军,徐抚方与朱按察议事署厅,烛未灭,闻变,朱曰,大人请自为计,踉跄奔出,而贼已围署,不得出,反奔,投井死。徐抚预衣朝服自跃于池,奴仆拯之,乃取短柄火枪反击胸膛,洞穿而死。蔡布政面不及盥,匹马短衣,出葑门遁,苏府吴匿民舍,后逃之上海。长元和三邑尊,皆潜身走,官军之守六门者,每夜赌博,欢呼畅饮,聚吸西洋鸦片烟,达旦始睡,贼悄入其营,但闻鼾声如雷,贼大呼曰,好妖,天大明身犹不起,盖贼称官为妖也!兵众有惊起者,有睡方浓而未觉者,贼或揪发辫,或击以刀背,或从衾中拖出,而睡眠蒙蒙,尚言毋戏虐,以为同人戏己也,间有奔逸者,贼呼曰:不必逃,新兄弟即旧兄弟。一时号衣火枪悉为贼有。延至巳刻,贼始纵火,先毁官署,后焚民房,大肆劫夺,奸淫妇女,戕害老幼,城中乃鼎沸。是日,阳光赤如血,散满不聚,人行光中,回顾不见影,或曰,此杀气蔽日所致,贼虽恣意杀掠,而心惧官兵,以为如此省城,岂无一旅之师,疑有伏者,故昼则各巷穷搜,夜则潜出,不

五、阊门劫

敢居城内，民有匿而乘间的逃者，皆由葑门出，其时六门大开夜无一贼看守，城内街道为贼之余火所延，无人扑灭，贼也不顾，如临顿路、养育巷等处，街窄不逾半丈，市屋相对，比连数里，悉燃于火，日夜不息，日则爆炸之声盈耳，横塞浓烟，夜则照耀火光，远望如火街一道，静无人声，如是匝月，贼始踞城，贼目之大者，广造第宅，穷极土木，其小者，择民间巨室而扩充之，皆巍然自命王府，出入鼓吹，因而毁圣庙。苏城圣庙有三，悉为瓦砾之区，一切神佛庙宇，或毁或焚，无有存者……

《见闻录·苏州记事》说得很清楚，阊门外南濠街是清军放火烧掉的。但是，山塘街是谁烧的？枫桥大街呢，又是谁放的火？枫桥其时屯的是太平军，清军大概没有哪个有胆量潜至该处放火。至于阊门内也烧掉了好多地方，王步青说，这是"粤贼"干的。此一说可以相信，倒不是我们要跟着这位"地主阶级代言人"诬赖农民起义军，而是根据常识作的推理，如果徐有壬在城陷之前，把阊门内月城大街也一并交给了祝融神，那就未免太离谱了。

当时有个宅居阊门内刘家浜的苏州人潘钟瑞，事后写过一封家书给在外省做官的族兄潘小雅，提到了阊门一带被焚经过："初三（5月23日）有自称大名镇总兵马得昭，统兵到苏，若将保卫。初四夜，阊门外民房四处放火，虽有广东匪悍，六合溃勇，附会其间，而马镇之所为，殊不可解。"这封家书常被太平天国论者引证，尤其是论及苏州战事，更显雄辩。这封家书毫不含糊地直指清总兵马得昭，有人由此

千年阊门

论道,通信的潘氏族兄弟,兄潘小雅(收信人)为道光举人,任刑部员外郎,在湘帮办团练,乃曾国藩走狗,弟潘钟瑞(写信者)为清增贡生,后为太常寺博士,两人都是清王朝的官吏,在忠君旧训顽固立场左右下,对"作乱的长毛"不可能有什么好感,信中凡提到太平军之处,均以"贼"呼之,即是明证。这种立场的人,是不可能把这场纵火劫案从太平军错记到有名有姓的清总兵头上的。所以,阊门一带化为焦土,清军是罪魁祸首。这话不无道理,但是,似乎忽视了这封家书中同时提及的"广东匪悍"、"六合溃勇",看来,纵火者不止马得昭一部。还有,这封家书只说"初四夜,阊门外民房四处放火",说得较笼统,阊门外,究竟从哪儿到哪儿?吊桥到渡僧桥一段叫阊门外,渡僧桥外的山塘街、劈对吊桥的上塘街直至枫桥也叫阊门外,初四夜那场火到底从何处放起,放到何处为止,仍不明不白。

所以我们的看法是:阊门1860年被毁,有清军的罪过,也有太平军的责任。公允地说,应当是攻、守双方都有责任。双方在阊门那么一场激战,起火难免,城上人不会下来救,城下人也不会分兵去扑灭火苗,百姓更是逃命要紧,谁敢充当消防员,所以火势迅速蔓延开来,以至阊门所有大街小巷统统变成了火场,等到阊门易主,城门洞开,火苗又窜入月城,干脆把阊门内相当一片地段也给烧了个精光。胥门万年桥也未幸免,周围的热闹地带也烧成了一片瓦砾。胥门外的太平军是李秀成的堂弟侍王李世贤指挥的。李世贤也是太平天国较为正直智勇的高级将领。我们并不认为攻城方有意要放这把火,因为李秀成的战略意图是要拿下

五、阊门劫

苏州作为他日后的苏福省省会的,说什么也不肯损伤这个城市一角的。可惜这一仗打得太激烈了,烧掉这些街区也顾不上了。由于苏州在当时的特殊价值,她的得失对于清廷与太平天国都是性命攸关的,守者志在必守,夺者志在必夺,双方岂有不拼老命的道理,打起来还会不厉害么?

总而言之,公元1860年的庚申之役,对于阊门是毁灭性的大劫难。从此,阊门再也没有了昔日的辉煌。

清咸丰十年农历四月十三日(1860年6月2日)是阊门的"滑铁卢"!

1860年之后,阊门又遭过几次劫难,较严重的有两次。一次是民国元年三月二十七日,阊门外突然发生兵变,挨次洗劫商户,焚烧房屋,枪杀居民,阊门四隅与上塘、山塘、大马路都被殃及,受害者570余户,经济损失达80余万元之巨。另一次是1937年,抗战军兴,苏州沦陷,阊门外石路至鸭蛋桥一带商店房屋,十之八九毁之战火,存者寥寥。在日寇的狂轰滥炸中,许多名店被夷为平地。例如,阊门外石路口的义昌福菜馆,创于清光绪九年(1883年),创始人张金生,14岁从常州来苏州,在虎丘斟酌桥畔三山馆当学徒。三山馆乃有清一代苏州名店,《桐桥倚棹录》上有它的记载:"三山馆四时不断烹庖,以山前后居民有婚丧宴会之事,多资于是。""赵姓数世操是业,烹饪之技,为时所称。"张金生在此学得一手好技术,便自己到宫巷开了个饭摊,靠在衙门当差的姐夫拉来生意,渐渐有了积蓄,便在石路建了一座颇具规模的新店铺,店面悬挂"义昌福菜馆"金字匾,两侧挂"京苏大菜,承办筵席"、"应时名菜,随意小酌"招牌,添置

30余桌银餐具、象牙筷,开设30多个单间雅座,楼上楼下可容纳800人就餐,店员近百名。义昌福注重质量,讲究烹调,张金生亲自把进货关,用人也十分严格,不惜重金聘请名厨师,生意越做越红火,成为苏州人心目中原汁原味苏帮传统特色菜馆。张金生的继承者也都能保持这个传统。日本人的枪炮炸弹把这么一座名菜馆毁了,现在石路上的义昌福菜馆是抗战胜利后重建的,虽然仍有不少特色菜肴,但总的讲来,在苏州菜馆业的排名与抗战前不可同日而语了。日本军国主义对于中国的破坏,从义昌福菜馆也可看出一斑。

再举个例子,"新舞台"。新舞台是座戏院。苏州的戏院最早出现于阊门外,清雍正年间山塘街就有了一座戏院,名叫"郭园"(清·顾公燮《消夏闲记》)。郭园以出售酒菜为主,演戏为辅,还算不上严格意义上的戏院。到了嘉庆末道光初,阊门外已有戏院十余处,但仍是一种公开化、扩大化的堂会,"居人有宴会,皆入戏院"(清·顾禄《清嘉录》)。专业性的戏院是以营业性标志的,要在辛亥革命前后才出现于苏州,阊门地区最早的一家是"大观合记茶园",创建于1912年,500座,设备简陋,常演髦儿戏(女子京戏)。1916年,苏州士绅顾玉如购下"大观合记"房产,与人合资翻建成为钢筋混凝土结构楼房,舞台为新颖旋转舞台,楼下观众厅铺地板,铁脚翻板椅,计1 000座,分正厅、花楼、包厢、边座,开售票入场先例。这个戏院就是"新舞台",常年演出京剧,营业兴旺,备受各界关注。1937年7月,"新舞台"挨日机轰炸,毁于一旦。现在金阊地区最大的影剧院"人民影剧

五、阊门劫

院",底子正是当年"新舞台"的地皮。

还有一个"沐泰山堂",也是控诉日本军国主义罪行的最有力见证。苏州人不会不知道阊门外渡僧桥畔的"沐泰山堂",这个创始于清乾隆二十四年(1759年)的药店,以它的肥儿八珍糕、人参鳖甲煎丸、虎骨木瓜酒、退云散眼膏、狗皮膏药,享誉中外,造福乡梓,所以苏州民间会有这么一句顺口溜:"撮药要到沐泰山,年纪活到九十三。"这样一爿药店日本人也不肯放过,1937年苏州沦陷时,在一片烧杀抢掠中,"沐泰山堂"被洗劫一空,损失达两万余银元。现在沐泰山堂的兴旺,则是解放后,特别是改革开放以来的事了。

1860年以后,阊门首先要记住的劫难之年便是1937年。

六、一棵还魂草

阊门死了,死于清咸丰十年(1860年)。

阊门又活了,活在清光绪三十三年(1907年)。

阊门死而复活,全赖石路的兴起。

石路之所以叫"石路",是由于它的路面用鹅卵石铺砌。旧时苏州的街道,多石板街,石路就显得很突出了。不过,石路在苏州地位突出,并非因为砌路材料与众不同,而是它的商市重要。石路商市对于苏州的重要性,光绪前还看不到。光绪前石路也有商业活动,有些绸布店百货店,都是栅板门,伸出尺余长的屋檐,撑着防雨帘,清晨开店,卸下的栅板往往叠放在店门前,供顾客小坐休息。总之,光绪前的石路,商店都是很古朴的小铺子,算不上阊门地区有分量的商业街,对苏州经济的贡献微乎其微。石路对苏州经济占重大比重、成为阊门创利"龙头老大"的局面,形成于20世纪初。

六、一棵还魂草

石路可说是阊门的一棵还魂草。

假如没有这棵还魂草,阊门的死寂很可能远不止从1860年到1907年间的近半个世纪,很可能会让观前街一枝独秀的局面还会延长数十年。我们这么说,并非信口开河,而是有案可稽的。

不妨看看盘门。盘门历元初、清初两番屠刀,落了个"冷水盘门"称谓。光是这么叫叫也就罢了,凄楚的是盘门地区一直荒芜寂寞,在号称"地上天堂"的苏州始终是个"都市里的村庄",虽然近代在这里也盖起了若干厂房,但仍未从根本上改变荒漠的景况。50年代,我还是个少年,因母亲在盘门内的第一工人医院抢救,我跟祖母到过这里,印象最深的还是大片农田,以及农田里孤零零戳立着的颓形败颜、摇摇欲坠的瑞光塔。多少年过去了,偶尔回想起当年看到的盘门景象,我还会感觉到那座年久失修的古塔唯落日残月相伴的凄凉。这种感觉,直到最近我去游览了整修一新的盘门三景景区,才最终从记忆中抹去。盘门的复苏,比阊门又迟了大半个世纪。

究其原因,很主要的一点,就是在旅游业被我们认识到也是个支柱产业之前,盘门大街未能成为这一地区的"石路"。

当然,这里头有个机遇问题。不是苏州的每座城门、每条街道,都能有石路那样一个机遇的。机遇不是你想要就能得到的,你能做的只限于懂得抓住机遇,不要让机遇与你失之交臂。石路之所以成为石路,机遇是沪宁铁路通车。

科技的力量是无法阻挡的,轰隆轰隆的火车头竟然把顽固的清末统治者的脑袋也冲开了,慈禧太后居然也接受铁路铺设在"龙"身上了。光绪赞成维新,光绪的态度不会比慈禧消极,不过光绪只是个傀儡而已,归根结底还得看慈禧点不点头。一个认为拍照会摄走魂魄的老太太,肯把据说会压坏龙脉的铁路拍下来,这是一个了不得的进步,时代的进步。沪宁铁路在光绪三十三年(1907年)通车了。

在这里我们只说沪宁铁路对阊门的影响。

沪宁铁路通车,苏州是沿线大站之一。苏州火车站设在钱万里桥东首,阊门外马路得以与火车站衔接,千载难逢的机遇来了,石路的繁荣注定要形成了。首先,铁路交通的便利,促使苏州其他地段的许多商家向阊门一带迁移,石路及其周围市面迅速得到恢复,经济活力梅开二度,造"血"功能又成现实。重振雄风的阊门商市必然吸引来更多的投资,值得注意的是其时阊门吸纳的资金中有相当比例是用来搞近现代色彩企业的。例如,戴生昌轮船公司、招商轮运局就在石路地区的万人码头附近;1908年,浙江镇海人箅梅贤投资七万元,在南濠街卢家巷口创办"振兴电灯公司",这是苏州第一家电业机构。新兴产业大举挺进,老字号商家也不甘落后,纷纷巩固阵地,扩大规模。药铺本是阊门地区的强项,时宜合适,自然取趁梯上楼之势。据《苏州中药铺历史》介绍,"宁、沐、雷、童"为本埠四大药铺,其中宁远堂、沐泰山、雷允上都在阊门内外。沐泰山前文已有简述,这爿乾隆二十四年始创的老字号药铺,道光年间,阊门外一场大火,烧毁民房200余间,沐泰山则凭藉它高高的封火山墙,毫发未损,咸丰十年却被战火焚为一片瓦砾。之

六、一棵还魂草

后,1968年,苏州和全国一样,发生大规模武斗,鲇鱼墩500多间民房被烧成白地,窄窄一街之隔的沐泰山安然无恙。沐泰山唯独在1860年给烧得尸骨不存,可见此火之空前绝后厉害。同治三年,沐泰山堂重建。到了石路兴盛时期,沐泰山也沾了光,尽管尚有连年的"牌息诉讼"给它造成不小的经济损失,但毕竟仍跻身苏州四大名中药铺序列中了。雷允上全称为"雷允上诵芬堂药铺",苏州人习惯于简称为"雷允上",是以它的创始人名字而予以称呼的。雷允上于清雍正十二年(1734年)在阊门内天库前周王庙弄开设了这个药铺,他本人就是一个名医,积行医45年的经验,著有《金匮辨证》、《经病方论》、《要症论略》、《丹丸方论》等书籍,大大发扬光大了吴门医术。经他配方炼制的六神丸、诸葛行军散、痧药蟾酥丸、玉枢丹、辟瘟丹、小金丹、大活络丹、苏合香丸、八宝红灵丹、安宫牛黄丸等,人称"救命膏"。雷允上的文化素养也相当高,古文根基扎实,悬壶之暇,徜徉山水,垂钓葑溪,抚琴松壑,曾自订《琴韵楼稿》。这部稿毁于庚申战乱,由此可以推想,他的药铺所受损失不会太小。所幸后来雷允上药铺的元气得以恢复,声誉依旧鹊起,1915年,就获得了江苏省地方物产品展览会奖状、奖章,1916年,又获农商部物产品评委奖凭、奖章。1915年离1907年仅8年,如果雷允上不抓住沪宁铁路通车造就了石路的商机,如此快地上升是不可想象的。由于石路的存在,阊门重新变为繁华之地,交通上又占了便宜,往来人流一弯脚就弯到了阊门内,三五分钟就到了天库前,对于雷允上肯定是能增加不少客源的。宁远堂的历史比沐泰山、雷允上久远多

千年阊门

大马路(1930年左右)

了,开创于明万历年间,不过这个铺子原在木渎,庚申战火也烧到了这个镇上,店主避难到了苏州城里,同治三年把老铺子迁到了山塘街星桥堍。山塘街在咸丰十年已成死街,却因石路的缘故,经渡僧桥往虎丘的游人渐渐地多了起来,这条街上的市面也恢复了一点,宁远堂生意也好了许多,甚至还带动了一条街上的药材业。上述三家药铺老店得益于石路商市的崛起,有一定的代表性,说明1907年这个年份对于阊门的中兴,确实十分重要。石路从这时候开始,就成了阊门地区的一个代名词,或者说,一个统称。从那时开始,苏州人讲:"到石路走走",指的往往不是石路这一条具体的街道,而是统括了阊门内外一大圈地段的。这与苏州人也常讲的"荡观前"不同,"荡观前"倒是界定非常明确的,只限于逛观前街这一条街,连观前街上的玄妙观也划出的。到玄妙观,苏州人讲"白相玄妙观",一点也不混淆。这里头就有个文化历史背景问题了,观前毕竟只是在晚清发展起来的,较阊门短暂得多的文化历史渊源,使它在人们心目中

六、一棵还魂草

不可能像阊门一样具有地域渗透力。投一块石头到水里，时间越长，涟漪扩得越开，就是这个道理。

这正是阊门在苏州城门中最值得骄傲的资本。

经济复苏必然带来消费的增长，苏州人消费的一大地方特色就是茶馆，茶馆业兴旺不兴旺，成了苏州经济的一个风标。当然，这是对过去时代而言的，现在不一定看这个风标了。现在苏州不是没有茶馆，不过现在的茶馆不叫茶馆，叫茶楼，更多的是叫茶座。现在的茶座和过去的茶馆性质也不尽相同，现在的茶座灯光幽幽的，放流行歌曲。过去的茶馆敞敞亮亮的，各界头面人物，各业行帮人员，各类文化名流，都喜欢借茶馆一角，说古谈今，传播新闻，商洽业务，乃至讲条件，开谈判，最后这项就是苏州人所谓"吃讲茶"了。茶馆在相当一段历史时期内，是事涉苏州文化、经济、政治的一个民众聚集场所，集中反映了苏州人不同的思想活动和生活情趣，并且还起到了潜在的影响，具有"第二渠道"舆论作用。当然也有饱食终日无所事事的一批闲人，以孵茶馆打发时光，是这类人自己乐意的一种生活方式。

阊门复苏后，茶馆就像个影子一样马上胶到石路来了。光绪末年，就有一爿福安茶坊开设出来，成了阊门地带最著名的茶馆。今天石路商场的原址上，那时候耸立的就是福安茶坊的店面。福安茶坊五开间两层楼，十分气派，楼上一排长窗，凭栏啜茗，石路景物尽收眼底，现在到哪里找这样的茶馆去！现在要想边品茗边观景，也有去处，十几层二十几层钢筋水泥结构大厦顶部的旋转餐厅，晚上也卖茶，几十元一杯的袋泡红茶，据说是进口货，坐在那儿非但可看石路

千年阊门

夜景,还能不动身子就把苏州的东南西北都看个遍。但是,情调不一样,过去苏州人在茶坊里看野景的情调永远也不会再有了。别的不说,过去福安茶坊门前经过的马车,现在你到钢筋水泥旋转厅有这个眼福吗?那马车往返于阊门—虎丘、阊门—灵岩,就像现在的中巴,却比中巴浪漫多了,漂亮多了,那马的马颈上都挂着红绸大花,系着黄铜响铃,车也漆得锃亮,驰过茶坊,车老板都要抖擞精神,鞭子甩得裂帛也似的,快鞭催马,马蹄翻飞,车作流星行,几架马车这般的你追我赶,何等好看!这是车老板们用他们独有的方式在替自己做广告,尤其是节时节日,更不肯放过这种广告效应,就像现在的企业家咬定电视台的黄金时段。他们这样表演,福安茶坊的茶客们饱了眼福,久而久之,福安茶坊前的马车,成了苏州一道风景线。特别是春节,苏州人更爱到福安茶坊占个座,一来,讨既"福"又"安"的口彩,二则,就是看看这个飞奔的马车。上年纪的苏州人还记得这句俗话:"年初头上到福安吃茶看兜风",讲的正是这个昔日的吴中岁时风俗、新年传统娱乐。

马车在苏州诸城门中,唯独在阊门形成为一个行业。我们顺便将阊门马车业的兴衰交代一下。

鸦片战争的一大"副产品"就是我国沿海大城市租界的出现,租界上的高鼻子蓝眼睛绅士嗜好马车,中国的有钱人效而仿之,纷纷弃轿子易马车,以为时尚。苏州紧傍上海,上海兴起的这股时髦风气不久就传到了苏州,苏州有钱人就买来了马,买来了车,雇用马夫专门饲养马匹,驾驭车辆。此时的马车全是私家备置,不是营业性的。马车的结构也

六、一棵还魂草

比较简单,仅两个轮子,座位只比现在的三轮车稍宽一点,座前车杠驾于马身,座位后面踏板供手持缰绳的马夫站立。有钱人乘坐着自备马车招摇过市,买不起马车的人很眼红,于是有人做起了马车生意,投资备车供一般市民租用,马车在苏州逐渐普及了。待到沪宁铁路通车,马车业主看准了从阊门到火车站需要大量交通工具,便向阊门外集中,很快兴起了一个庞大的行业。由于生意兴旺,业主有了更多的资金改造马车,以利竞争。马车由两个轮子进化为四个轮子,轮边还嵌上橡皮,座位底板与轮子间装上了缓震的钢板弹簧,车座装上了挡风雨的活络皮篷,座位也宽敞多了,约1.3米左右,坐两个大胖子也不嫌挤,正座对面还有可撑起的一块木板,作为加座,能再坐两人。车夫则从原来的座后改为座前驾驭马匹了,既方便又气派。从阊门到火车站,4角钱小洋。城外的风景游览区,马车也去,租金也不贵。民国初年是阊门外马车业的鼎盛期,有100多辆马车风雨无阻在此营业,车主和车夫大多居住在石路附近的五福路、三乐湾和东、西高墩。抗战期间,马车尚可载客到观前、北寺塔、狮子林游览。抗战胜利后,马车业日益萎缩,整车包租的人少了,主要靠零星搭客维持。这种状况使马车行运路线固定了下来,计有石路—观前、石路—胥门、石路—枫桥、石路—火车站四条线路。偶尔才有临时接洽去虎丘、灵岩山的游客。越来越衰落的阊门马车业勉强捱到1953年,苏州开辟了公共汽车线路,马车终于销声匿迹。

往昔福安茶坊的一道风景线,也只能到百岁老人模糊的记忆中去寻找了。

千年阊门

回过头来说福安茶坊,它的生意可想而知十分兴隆,它一兴隆,自然而然就有人来这里也开这么一爿店,就像现在的嘉余坊、学士街一样,一爿酒楼先落脚,生意不错,很快就有十爿廿爿餐饮店开到这两条街上,迅速形成了苏州美食专业街的后起之秀。福安茶坊的隔壁,于是也有了一家茶馆,叫做"哨云天",仿上海四马路青莲阁茶馆新式建筑,三开间三层楼,生意不亚于福安。

茶馆越开越多,石路挤不下,扩展到了周围,鸭黛桥浜转角处也开出了一爿,叫"长安茶馆",一排出檐阳台,与福安、哨云天遥遥相对,鼎足而立。石佛寺弄口也开出了一爿,叫"龙园茶馆",虽属二流,但响档说书先生也常去演出。渡僧桥堍沐泰山对面,也开出了一爿"辛园茶馆",因临近上塘菜场,茶客多为厨司,清晨买菜毕,就在这里喝茶,相互统一菜价口径,免得东家查问时露出破绽,敲掉饭碗。倘有人真被东家炒了鱿鱼,就在"三节"(端午、中秋、除夕)到辛园茶馆来,在此待雇,或托同行辗转介绍,重觅饭碗。辛园茶馆实际上已有"行帮茶馆"的味道了。这类茶馆石路一带还有若干,河沿街胜阳楼茶馆就是阊门下塘、河沿街、桃花坞扇子、车木、牙雕从业人员经常光顾之地;皋桥汤家巷茂苑茶馆,顾绣帮最喜在此聚饮;戏装道具手工艺人常去吴趋坊的一些茶馆;琢玉、镜片工人喝茶总是就近找个专诸巷、天库前、宝林寺前的茶馆……茶馆在中国尚未出现工会组织之前,在某种程度上,就是不称为工会的工会非正式的办公处了。

阊门外石路一带的茶馆,最为苏州人称道。陆文夫先

六、一棵还魂草

生写《美食家》的时候,还不忘借主人朱自冶之口,赞几声石路昔日的茶馆。

苏州的茶馆到处有,那朱自冶为什么独独要到阊门石路去呢?有考究。那爿大茶楼上有几个和一般茶客隔开的房间,摆着红木桌、大藤椅,自成一个小天地。那里的水是天落水,茶叶是直接从洞庭东山买来的;煮水用瓦罐,燃料用松枝,茶要泡在宜兴出产的紫砂壶里。吃喝吃喝,吃与喝是一个不可分割的整体。凡是称得上美食家的人,无一不是陆羽和杜康的徒弟的。

老苏州尚记得的旧时苏州阊门一带较有名的茶馆有:石路、上塘街附近的福安、久安、哨云天、玉楼春、和园、亦园、龙园;东、西中市的德仙楼、中和楼(春和楼)、第一楼、大观楼;庙桥下塘的凤园;山塘街的大观园、辛园等大大小小几十家。老苏州记得这些老茶馆的招牌,当然也还记得同时期阊门一带比较有名的酒店,你让他们扳着指头数一数,他们一口气能数出一连串来:张广桥堍的"王济美";西中市的"金瑞兴"、"章万源"、"东升";石路的"元大昌"……老苏州还会告诉你,上述这几家酒店都是"绍帮"酒店,除"王济美"外,其余都设有堂吃。你要了解什么是堂吃,你去看鲁迅先生小说里描写的咸亨酒店,柜台一端挂一块"太白遗风"的金字招牌,账桌上端坐一位专门记账、收钱的账房先生,堂口的这种格局与孔乙己老想去赊酒喝的绍兴地方的酒店大同小异。不过,似乎苏州的酒店给人的感觉温馨得

千年阊门

多,你一踏进店堂,小伙计立即迎上前来,满脸很真诚的笑,殷勤地引你入座,一面手脚麻利地将干干净净的筷匙碟盅放在你面前桌上,一面低声问道:"老板(或先生),来几化免四?"几化(hū),苏州话,即多少。免四,老秤(十六两制)一斤减去四两,十二两,即今法定衡制七两半。这个"免四",就很有人情味了,十六两只收你十二两的酒资,七五折,而且还是笑眯眯轻声轻气问你,不给邻座听到,即优惠了你又主动给你遮面子,不让你被人觉得是个喜欢沾便宜的角色。不像现在的酒楼饭庄,大张旗鼓九五折、八八折、八折、七折,甚至还有"吃一百送五十"的,暗地里却变着法儿狠宰你。便宜人人喜欢沾,只是不少人不喜欢在人家眼中是个喜欢沾便宜的形象罢了。苏州人大都是这类型的人。旧时阊门一带的酒店,老板把店小二调教得就是这么玲珑、周到。这是什么?说到底是文化,苏州文化土壤中孕育出来的店小二。苏州文化的一大特点是细微之处的无懈可击,力求完美,你能从这酒店伙计的一声"免四"中挑到刺么?同样的,你也无法挑剔那时候面馆的老板和伙计,光是一碟姜丝,那个色泽,那个刀工,就叫你有一百张嘴也提不出半点意见了。一般人谈起对旧时面馆的印象,往往说的是一碗阳春面附加的花样经,什么重青、免青、宽汤、紧汤、硬拌,等等,陆文夫先生在他的小说《美食家》中就有精彩的描写。

陆文夫先生是这样写的:

> 那时候,苏州有一家出名的面店叫作朱鸿兴,如今还开设在怡园的对面。至于朱鸿兴都有哪许多花色面

六、一棵还魂草

点,如何美味等等我都不交待了,食谱里都有,算不了稀奇,只想把其中的吃法交待几笔。吃还有什么吃法吗?有的。同样的一碗面,各自都有不同的吃法,美食家对此是颇有研究的。比如说你向朱鸿兴的店堂里一坐:"喂!(那时不叫同志)来一碗××面。"跑堂的稍许一顿,跟着便大声叫喊:"来哉,××面一碗。"那跑堂的为什么要稍许一顿呢,在等待你吩咐吃法——硬面,烂面,宽汤,紧汤,拌面;重青(多放蒜叶),免青(不要放蒜叶),重油(多放点油),清淡点(少放油),重面轻交(面多点,交头少点),重交轻面(交头多,面少点),过桥——交头不能盖在面碗上,要放在另外一只盘子里,吃的时候用筷子搛过来,好像是通过一顶石拱桥才跑到你嘴里……如果是朱自冶向朱鸿兴的店堂里一坐,你就会听见那跑堂的喊出一大片:"来哉,清炒虾仁一碗,要宽汤、重青,重交要过桥,硬点!"

一碗面的吃法已经叫人眼花缭乱了,朱自冶却认为这些还不是主要的,最重要的是要吃"头汤面"。千碗面,一锅汤。如果下到一千碗的话,那面汤就糊了,下出来的面就不那么清爽、滑溜,而且有一股面汤气。朱自冶如果吃下一碗有面汤气的面,他会整天精神不振,总觉得有点什么事儿不如意。所以他不能像奥勃洛摩夫那样躺着不起床,必须擦黑起来,匆匆盥洗,赶上朱鸿兴的头汤面。吃的艺术和其它的艺术相同,必须牢牢地把握时空关系。

千年阊门

陆文夫先生把苏州昔日面馆的特点写尽了,然而,我还是愿意把目光落在一碟不惹人注意的姜丝上。现在面馆里也有姜丝,但现在的姜丝,老吃客一看就摇头:"嘿,杠棒粗!杠棒粗!"颜色也不对,黄不黄,灰不灰的,姜皮未刮净所致。旧时的姜丝就不同了,嫩黄精细,一看就想要它,就勾起了倍增的食欲。遗憾的是我现在拿不出这种姜丝的样品供你观赏,假使你一定要一睹为快,你不妨去看金发模特,那模特的头发可以让你明白姜丝该是个什么样子的。一文小钱能买几碟的姜丝尚且如此,其他还须说什么。

石路酒店多,饭馆菜馆也多。在阊门一带近代比较有名的饭馆菜馆有:大马路的"义昌福"、"宴月楼"和"功德林";普安桥东堍的"老仁和";东中市的"西德福";下塘街的"德元馆";西中市的"六宜楼"、"添和馆"。其中"功德林"是素菜馆,有点佛的味道了;添和馆则是徽帮,也可算独具一格吧。除了这两家,其余饭馆菜馆虽然都是苏帮菜,却也各有特色,"义昌福"有白汤鲜鲫鱼、南腿烧炖鸡、神仙童子鸡;"西德福"有虾仁烂糊;德元馆有天下第一菜、麻油八宝鸡;六宜楼有红烧甩水、红烧青鱼肚当;添和馆有响油鳝糊;老仁和有辣汁鲢鱼头,等等,可见旧时饭馆菜馆商品意识还是挺强的,想方设法要拿出不同于同行的特色菜来笼络主顾。

所以,阊门和她的近代还魂草石路就更值得研究了。

阊门的确可研究,阊门对于吴中而言,可看做缩小了的万里长城,但万里长城从建造之日起直到其功能的消亡,作用不出于御外。御外并无错,由此而来的把长城之内亦禁锢起来,而且一禁锢就是几千年,对于中华民族就未必幸

六、一棵还魂草

矣。苏州这个阊门就不同了,阊门自她存在的第一天起,就不是封闭的,阊门的繁荣,主要不依赖城内,而凭托城外,这正是一种开放的势态。尤其到了近代,石路的崛起,更说明了问题。至于阊门为什么最终仍只是一个"百足之虫,死而不僵",这是另外一个范畴的谈论题了,我们暂且按下不表。

继续来说饭馆菜馆。这里说个石路上颇有特色的小饭馆,或许倒是可以达到"一斑见豹"的效果呢。

这就是卫生粥店。

这个卫生粥店与我有些渊源,渊源来自附近的一条窄窄的小巷普安桥弄。普安桥弄是鸭黛桥浜的一条横巷,鸭黛桥浜又是石路的一条横巷。鸭黛桥,苏州人说成"鸭蛋桥"。苏州人很有趣,不知何故特别喜欢读"白"字,明明"北寺塔",偏偏读成"不是塔";"护龙街"(人民路)读成"马桶街"。吴语在汉民族地域语境中最难解读之处,或许正在于此。这个鸭黛桥,这条普安桥弄,因为有传说,有历史的标志,如金阊亭之类,在地方志书中偶有一笔,然而平民百姓并不认为有什么可记取的。我之所以记住鸭黛桥和普安桥弄,仅仅是由于我小时候住在那儿。我小时候住在普安桥弄2号。走进2号大门,是个2平方米左右的小天井,小天井尽头是二门,二门开启是个小客堂,小客堂4平方米稍宽一点,4家合用。我家租住的是左手那个厢房,至多8平方米吧,住了祖孙三代。这个2号一共30多平方米,居然是4家租用的,大房东就是卫生粥店的老板。在我的印象中,二房东很刁钻,大房东倒比较好说话。普安桥弄、鸭黛桥浜的房子,当时一大半是这个老板的。不过,在这里我说卫生粥

千年阊门

店,并非因为卫生粥店老板对房客不过于苛刻,而是根据有关史料的。

史料依据金阊区政协编的文史资料。

有篇文章为贾寿南所撰,题为《风味小吃之家——卫生粥店始末》,其中讲:

> 盖闻金阊,世称繁华,西临虎丘风景名胜,商贾云集,长途汽车站、轮船航船码头分设是处,加上靠近火车站,四通八达。昔日上塘、山塘、南浩称市,后逐趋延伸至石路、鸭蛋桥东西段。桥河停泊灯船,桥西驻歇骡马,供以游览,及至虎丘,乘以马车,或骑骡马,以助游兴,故此游人云集。阊门之繁华,冠于苏州之八门,而胥门次之,故向有"金阊银胥"之称。
>
> 随着商业的发展,石路一带商店林立,饮食服务业也接踵而增,在鸭蛋桥左右,东起石路(今阊胥路末端),至广济桥,旅社、浴室、菜馆、饭馆、面馆、菜场、酒肆、戏院、书场应有尽有,但多数菜馆、饭店、面店供应早、中、晚三市,晚上收市较早,不能全部满足顾客所需。至二十年代初,新型风味小吃点心店应需陆续诞生,以拾补当时所需之缺,自黎明直至子夜,供应不息,真有"不夜城"那番情景。
>
> 1924年,有贾凤振氏洞察市场之需,在鸭蛋桥东堍(今人民剧院)创设"卫生粥店",不久又迁鸭蛋桥西堍(今广济路东口),新店为双开间朝南门面,扩展后的新店供应范围也随之增广,品种繁多。供应有咸粥(鸡

六、一棵还魂草

粥、肉粥、菜粥、蛋粥等)和白粥,兼供各色炒汤面、葱油面、菜糊面、烧汤面、软炒面、硬炒面(俗称两面黄)。还备有各色过桥炒饺(即炒饺数量增加两倍,另装小盆),还有各色蛋炒饭、盖饺饭,冬令增供汤、炒年糕,各式点心有汤包、甜咸小笼馒头、锅贴、水饺、烧卖、莲子羹、八宝饭等。菜类有各种冷盆、炒菜,大盆、中盆,甚至桥饺均有,起售点由小到大,午、晚增供饭、菜。凡炒菜、花色饺头及件头点心,均是随叫现烹。此外还另设卤菜柜,有熏鱼、熏虾、熏肉、小熏鱼、香肠、肉松、酱鸡、酱鸭、酱蹄、五香牛肉、素鸡、酱黄豆、酱蛋,按时令增供野鸡、野鸭、羊羔、醉蟹等,不胜枚举。过去饮食店从无卤菜供应,而"卫生粥店"却首创供应卤菜。由于所供各种食品价格从廉,起售点低,花费不大即能品尝多种菜点滋味,深受顾客欢迎。

  卫生粥店集粥、饭、面、菜、点于一体,自成特色,是不同于一般菜馆的,更非一般光卖粥的小粥店所能与之伦比的了。卫生粥店供应时间极长,从黎明直至子夜,随到随吃,供应不息,即使店内没有供应的品种,只要顾客需要,可按顾客要求,临时烹制。试举一例,抗日战争前夕,苏州驻有一批十九路军粤籍士兵,时有来店就餐者,他们喜食米粥,但又不习惯吃苏帮米粥,要求为他们制作一种广东人喜吃的"鱼生粥",这种粥的做法很特别,先把生鱼片铺在碗底,用滚热的白粥浇下去,再在粥上洒以姜末、葱花、肉末等料即成,真是别有风味,后这些广东籍士兵经常来店吃"鱼生粥",从此卫生粥店又多了一项新品种。

　　1936年,与卫生粥店贴邻的大鸿楼菜馆因经理故世,致歇业出盘,是时贾凤振即受盘大鸿楼菜馆。自此进一步扩大店基面积,楼下及二楼增辟雅座各十余间,一室置一桌,并更新设备,夏令装置电风扇,室内装配门帘,桌面铺设印花台布,上压玻璃台面(当时菜馆桌面用玻璃台面是比较新颖的)。店内有职工三十多人,已初具规模。二楼兼备筵席,服务到桌,筷、碟、匙、茶、面巾、牙签、调料(酱油、酸醋、胡椒、辣火等)均递送上桌,室内挂有书画条幅,置有花木盆景,雅俗共赏,在当时一般饮食店较为少有。自店基扩大后,供应品种增多,远远超出原先范围,所以后来在"卫生粥店"名后增"酒菜家"三字,全称为"卫生粥店酒菜家",实际上"卫生粥店"其时已演变为一定规模的菜馆了,但仍用"粥店"名称。多奇者曾问于店主,店主称20世纪初,点心店定名"粥店"者,风靡一时,这等于某大、中型旅社取名"饭店""酒家"无异;卫生粥店一直沿用"粥店"名称,亦有不忘其旧的意思,虽不专营米粥,但群众对其名称已成习惯,如改称"卫生菜馆"、"卫生酒楼"之类,反而不顺其口。

　　一爿卫生粥店,从中不就足以看出石路是餐饮业很理想的栖凤落凰之地么?

　　茶馆、菜馆多了,有两个行业必然跟上,那就是戏院和旅社。当然还有个妓院,繁华之地决不会没有它的市场的。

六、一棵还魂草

茶馆、菜馆、戏院、旅社和妓院,旧时统称"五色行业"。那时候"五色行业"的兴盛,往往被看做是一个地区、一条街路发达与否的标志。那时候一个地区、一条街路是否繁华,也确是靠这些行业来装点的,街上有了这些门面,才会有灯红酒绿的景象,有喧喧嚷嚷的人气,才会热闹。繁华缺不得五色缤纷。

关于戏院,《金阊文史资料》上也有现成的一段文字可供摘录:

> 阊门繁华时期,已经开设"新舞台"、"春仙大舞台"、"明星大戏院"等七八家。当时的新舞台设在大马路(现在的人民影剧院),是苏州独一无二专演京剧的戏馆。李桂春(小达子)、夏月润、老三麻子、徐碧云、赵如泉、高百岁、孟鸿寿等著名京剧演员,都曾来该院登台献艺。新舞台的场地相当宽敞,座位楼下分正厅、前座、后座、边厢、起码等几级;楼上分花楼、包厢。如果有名角儿登台,戏院的"安目"(茶房)把花楼、包厢、正厅的座位票送往士绅、大户人家,以及亲朋好友处。所以戏馆里的"开锣戏",总是唱给坐在边厢、后座、起码的劳动人民看的。花楼、正厅、包厢的观众要等"开锣戏"唱完,这批公子哥儿、老爷太太才姗姗来迟,坐着"光芒四射"的自备包车,神气活现、大摇大摆进场,由"安目"领到预订座位入座看戏。每个座位前还摆有瓜子、水果等玻璃高脚盆子。这批"安目"的服务态度,都是点头哈腰,前倨后恭,活像一个舞台小丑,但是他们

的"外快"、"小账"、"赏钱"等收入是比较多的。那时的警察、"丘八"(兵)、"白相人"、"救火员",只要披上一张"老虎皮"(制服),就可以在戏馆里直进直出,不买票,看"白戏"。当时新舞台在正厅后面,专门设立一排"监督席",为这些看"白戏"的老爷们提供方便。所谓"监督",究竟监督什么?只有天晓得。

春仙大舞台开设在今石路菜场西面,演员全是女性,故称"髦儿戏"。由于那时的京剧演员全是男性,"四大名旦"都是男性扮演。"髦儿戏"恰恰相反,所以当时露青春、恩晓峰、李秀英等都是著名女老生。

明星大戏院开设在大马路太平坊附近,专唱"文明戏",形同"苏州滩簧"。当时头牌角儿,有王美玉、王无能、汪摩陀、丁怪怪等演员。演出剧目有"荡湖船"、"孟姜女过关"、"小上坟"、"小放牛"、"小尼姑下山"等小戏。王美玉是一位年近不惑的美男子,扮演花旦,扮相却是"风骚美丽",活像一个妙龄女郎。王无能后来成为唱"独脚戏"的鼻祖,他用吴侬软语唱一只"哭妙根笃爷",曾吸引了苏沪两地许多观众。

在明星大戏院斜对面的"小荒场"里,也有唱淮剧和常锡滩簧的戏馆,但都为低层娱乐场所。

这里提到的"小荒场",在阊门一带。这个"小荒场"倒也值得专门写上一笔,因为它可以看做是苏州的"天桥"。

七、苏州的"天桥"

北京的天桥是个很有名气的地方。天桥位于北京城南,方圆二里,以今天北京城的地图看,当在天坛路西口、永安路东口、天桥南大街北口、前门大街南口等四条交通要道的汇合处。今天的天桥地区,早已高楼林立、寸土寸金,全无昔日五方杂处、五色杂陈的情景了。但是,元代以降,这儿确实是北京市民最向往的一个游览娱乐场所。天桥的最繁盛时期为民国初年。直到解放之前,天桥应该看做北京贫苦市民的一个乐园。尽管天桥也是黑道人物猖獗的地区,亦可视做劳动人民的"地狱",但从文化角度讲,毕竟给了他们因财力不济无法从其他地方获得的许多欢乐。

晚清有个易顺鼎,写过一首《天桥曲》,诗云:

垂柳腰枝全似女,斜阳颜色好于花。
酒旗戏鼓天桥市,多少游人不忆家。

千年闾门

天桥桥外好斜阳,莫怪游人似蚁忙。
入市一钱看西子,满村叠鼓唱中郎。
不待沧桑感逝波,已看龙钟道旁多。
牛衣泣尽肠雷转,犹自贪听一曲歌。
几人未遇几途穷,两种英雄在此中。
满眼哀鸿自歌舞,听歌人亦是哀鸿。
燕乐歌舞两高台,更有茶园数处开。
何处秋多人转少?却寻乐子馆中来。
秋寒翠袖如空谷,日暮黄昏似古原。
那怪杜陵魂断尽,哀王孙又感公孙。
疏寮茶座独清虚,对菊人都号澹如。
三五女郎三五客,一回曲子一回书。
筝人去后独无聊,燕市吹残尺八箫。
自见天桥冯凤喜,不辞日日走天桥。
哭庵老去黄金尽,凤喜秋来翠袖寒。
汝久岂寒吾速老,赖寒博得几回看?
萱萝溢浦两红妆,感事怜才益自伤!
两种人才三种泪,一齐分付与斜阳。

易顺鼎此诗不讲究对仗,亦不锤炼,但已把天桥风光、风情、风俗、风趣以及社会心态、个中甘苦,大致展现在了读者眼前。

这首诗还让我们看到,北京天桥算得上个贫民娱乐场所。

大杂耍式的娱乐场,与迪斯尼完全不同风格的娱乐场。

七、苏州的"天桥"

迪斯尼是西方模式的娱乐场,天桥则百分之百东方类型,这里头的差别有经济的因素,但更本质的,大概仍是东、西方文化的选择与走向。

中国的城市中,应该保留一块空地,让天桥式的娱乐场所继续存在下去,让老百姓有个不花钱可娱乐的场所,同样是个"民心工程",而且有着其他"民心工程"起不到的作用。老百姓的这个娱乐场所可以享受到的不光是杂耍、小吃、便宜货,更能享受到悠闲、宽松、弛缓,甚至还有平等。历代统治者倒是懂得这个道理的,他们不把这样的一块空地夺过去造什么房子,虽然他们通过其他手段盘剥起百姓来是很厉害的。所以,在相当长的一段历史时期,许多城市都有自己的"天桥",苏州也不例外。

说起苏州的"天桥",人们往往会将玄妙观拿来作比。这么比也未尝不可,玄妙观早在清嘉庆、道光年间就是小摊头和围场卖艺的集中地了,到了清末民初,玄妙观与上海城隍庙、南京夫子庙并称为"江南三大游乐之地",可见其娱乐功能已被人们广泛承认了。那时玄妙观的小摊头,卖什么的都有,最突出的是小吃,灰汤粽、藕粉、酒酿圆子、梅花糕、海棠糕、糖粥、凉粉、千张百叶、氽鱿鱼、熏鱿鱼、小米子糖、焐酥豆、五香茶叶蛋、喜蛋浑蛋、鸡鸭血汤、汤炒面、小笼包子、八宝饭、锅贴、馄饨、汤圆……也有慢慢卖出了一点名气的,如"小无锡面摊"、"大树边酒酿"、"小有天藕粉店"、"文魁斋梨膏糖"、"王记豆浆"、"一枝香瓜子",等等。还有一种摊头也值得特地介绍一下,那就是卖"画画张"的,"画画张"是苏州人对书画(变做了商品在小摊小店出售的)的俗称。

千年阊门

玄妙观的"画画张"五花八门,有各种神轴和桃花坞木刻年画百寿图、送子图、鲤鱼跳龙门、梅开五福、岳飞抗金、关羽读春秋,等等,还有上海批来的彩印儿童嬉耍、历史故事、花卉山水画。玩,就更令人目不暇接了,爱听书的,玄妙观多的是"野鸡书场";没有耐心的,不妨到处转,转到这里,有人在卖拳头;转到那儿,有人在卖蛇药。猢狲出把戏的也有,演杂技的来了一批又一批,也有人在扯铃,也有人在驯鸟;变戏法的,一口气吞下一大把针,再把一根棉纱线吞进去,扯出来,棉纱线上挂满了针,数一数,十七八根,乖乖龙的咚!

玄妙观这个娱乐场,比之北京天桥,如何?

恐怕不会逊色。

但是,我说苏州还有一处这样的地方更像北京天桥,这处地方就是阊门外小荒场。

1860年那一场战火,阊门一带化为一片瓦砾。战后重建,首先是李秀成想到要重建。公允地说,太平天国忠王李秀成对于重建苏州还是很当回事的。不过,李秀成好像更注重于苏州东北部的建设,或许是因为他的忠王府设在拙政园,或许是以机匠为主体的手工艺工人集中在那个地区,更容易沟通出身贫雇农的忠王的"阶级感情"吧?总之,阊门地区的恢复不太得力,虽然房屋陆陆续续又沿街造了起来,商市也慢慢有些复苏,却仍留下了一块10亩大小的空地,光秃秃的始终没人在此建房造屋,一直荒弃在那儿,苏州人给它起了个名号,叫:"小荒场"。

首先是小孩子发现了这个地方,当然这些孩子都是穷

七、苏州的"天桥"

人家的孩子。穷孩子没有属于他们的乐园,便跑到这个小荒场来捉蟋蟀、"官兵捉强盗"、抽"贱骨头"、滚铁箍。铁箍是马桶上、脚盆上的一道铁圈,在这玩艺儿上没什么脑筋可动,"贱骨头"就不一样了,这东西是用一块小木头削成的,上圆下尖,放在地上用一根绳不停地抽,抽得它骨碌碌转。小孩子很爱玩这种游戏,但削这么一个"贱骨头"不容易,于是就有小贩专门制作这样的东西到小荒场来卖,小荒场开始出现摊点了。日久天长,小荒场的小摊头渐渐多了起来,不光卖一些三钿不值两钿的"贱骨头"之类小孩玩具,还卖旧衣服和廉价的日常用品。小荒场也不再只是小孩子钻进钻出的地方了,周围的贫民也常常光顾,想买什么,上这儿转转,不打算买什么,闲着无事,也上这儿逛逛,东看看西看看。这就有了所谓的"人气",就吸引了更多的前来摆摊做小买卖的小贩,小吃摊也越来越多,油豆腐血汤啦,豆腐花油条啦,都便宜得出奇,穷人只要不穷到讨饭的地步,偶尔吃吃也吃得起。到底便宜到什么程度呢?我念初中是在20世纪50年代末,那时候在校门口吃一碗线粉血汤,只要三百元(旧币,折如今三分钱人民币),加一只肉百叶、两个油豆腐,再加一点牛肉,也只消五百元。清末民初,小荒场的小吃肯定还要低廉得多,否则,摊头是摆不久的。另外,摊头能维持下去,人流量大也是可以肯定的,穷人吃油豆腐血汤,打打牙祭的,不会三天两头去吃,再便宜,一碗血汤的钱买了青菜萝卜,一家门一天的菜呢!所以,张三偶尔吃吃,李四也偶尔吃吃,假如没有相当大的人流,小荒场绝对留不住许多小吃摊的。

千年阊门

有了人气,其他行当就跟着来了,最早前来的是江湖艺人。这种人漂泊四方,居无定所,能有一个地方让他们赚一口饭吃,他们就在这个地方安下营来。清末民初,当时中国北方天灾人祸,苏南相对而言尚有饭吃,从苏北、安

骆驼担(1930年)

徽逃难来苏州的不在少数,其中有些人比较聪明,从家乡出来时带了个猴子,就在小荒场演"猢狲出把戏"。你"猢狲出把戏"能赚几个小钱,我比你"高雅"多了,我不用畜生,我是实打实的自己表演,卖拳头,先来一轮拳脚,假如观众还不叫好,不要紧,来来来,我往地上一躺,赤裸着上身,肚子上搁一块花岗条石,徒弟不用怕,你把那八磅的铁榔头抢起来,你不要吝惜力气,把吃奶的力气都给我使出来,你使劲地往下砸啊,砸啊,砸!果然就砸下来了,铁榔头砸在了花岗条石上,花岗条石碎了,碎成两爿、四爿,我呢,皮肉不伤,一个鲤鱼打挺,跳起身来,站得稳稳的,观众一齐喊声:"好!"感谢众位捧场,兄弟初次来到贵地,帮帮忙,帮帮忙。帮什么忙?卖拳头的不是靠猢狲过日子的,不会托了个铜锣要求诸位施舍,卖拳头的有膏药卖给诸位,刚才的功夫是给诸位白看的,愿不愿掏钱在于买不买膏药,相信就买,不相信只管站着看我再献丑,再献什么丑?咽喉顶红缨枪,大刀砍肋巴骨,你说这是不是真功夫!看完了你还不买我的

七、苏州的"天桥"

膏药,没关系,没关系,只求你别走,你就继续站在那儿凑个热闹,不中途抽签(散场子前就离开)就算你捧我的场了。好,好,这位大爷,你没走,你不抽签,你捧我的场,谢了,谢了!

其实,不谢也很少有人中途抽签的,看这类表演,多为贫民和小孩,无钱进戏院,怎舍得轻易放弃小荒场不用花费的娱乐?那么,这些江湖艺人吃不吃亏呢?也不吃亏,在这里划个场子,没人管,不交费,所以,不售票无所谓,反正一场演出,总能收入几文的。

就冲着这不必交管理费、摊位费、"门前三包"费,三百六十行都到小荒场来占一席之地了。"野鸡说书"先生来了,本来在玄妙观说的,看看小荒场也不错,就把场子搬到了这儿,几张长凳,一块醒木,就能开书,"三国志"说到"杨家将","大红袍"扯到"小五义",岳飞也来轧闹猛,济公也来寻开心,严嵩窜到杨贵妃,西施嫁给薛仁贵,不管不管,脚踏西瓜皮,滑到哪里算哪里,消遣嘛,打发一个时辰,自鸣钟敲两响。所谓"野鸡说书"先生,"光裕社"挂不上号的,借这种露天摆场子,让听众坐他凳子的,待他说书中间休息时间,收钱了,听众随意给几个就行。坐凳子的都是老听客,多少总要打发几文的,站着听的,对不住,不到收钱的时候就脚底抹油,溜之大吉了。说书的从不计较,他醒木一拍,继续开讲他的无有师从的"三国"、"西游"了,仍旧是乱说三国、胡扯西游,说者一头雾水,听众闭目养神,两相合适,皆大欢喜。

不光是"野鸡说书"如此,卖梨膏糖的也大致这般。卖梨膏糖的,苏州人称为"小热昏"。小热昏有单档、双档,双档有雌雄档,一男一女,与此档类有别的,就是两个男的或两个女的拼档了,跟评弹有点相似。所以档类中,雌雄档最吸引观众。小荒场的娱乐项目中,最受欢迎的正是这个小热昏。小热昏每当夜幕降临,就在小荒场固定的一角空地上支起一个撑脚,撑脚上搁一只木制糖箱,撑脚左右各摆一只高凳,高凳比撑脚略低,左右高凳各站一个小热昏,若是雌雄档,男的站右边,算上首,执乐器的往往是这一位,早期是胡琴,后来也有手风琴,左边下首的女小热昏则随琴伴唱,地方戏是拿手的,时令小调也会唱,间之于男女插科打浑,虽然庸俗,却也发噱,频频逗得听众捧腹大笑。听众笑声未落,小热昏已掀开糖箱的盖子,拿出一种又一种的梨膏糖,一个劲儿地兜售。不买他的梨膏糖,他不会给你脸色看,你只管留在原地听他唱;买了他的梨膏糖,你也不吃亏,梨膏糖别的毛病治不好,对于咳嗽还是有点疗效的。小荒场的梨膏糖没有玄妙观的出名,因此,小荒场的梨膏糖更价廉,更实惠,更平民化、大众化。

"西洋景"也到小荒场来寻发展了。"西洋景"者,一只大木匣,上蒙一块黑布,看的人把黑布盖在头上,单眼凑在木匣的一个孔上,那放"西洋景"的把一张张"洋片"塞入箱后部一条隙缝中,嘴里吆喝着根据"洋片"画面情景编的一段段唱词,也很引人入胜。苏州阊门外小荒场的"西洋景",大都是山东人经营的,他们将旁边小书摊的生意抢走了不少。小书摊主对"西洋景"恨得牙痒痒的,但无可奈何。终于有人来代小书摊主报一箭之仇了,不久出现了手摇小电

七、苏州的"天桥"

影,一只比写字台稍大的影箱两边开十来个洞孔,看者各据一孔,观看"卓别林吃皮鞋"、"西洋美女骑脚踏车"之类幽默片,比钢皮卷尺稍大的电影拷贝,放映一盘约五六分钟,而且随到随放,收费比"西洋景"又不贵多少,"西洋景"不淘汰才怪呢!科技进步的力量真是不得了,在小荒场也充分体现出来了。

木偶也挤进小荒场来了。八仙桌大小的一块地盘,四周竹架一竖,围以红布,操纵木偶者躲在里面边唱边舞,观众便能听到戏文,看到一个个露出在红布上端的木偶打斗调笑。那时候的小荒场木偶戏,给我们这一辈留下印象最深的,是一个小和尚不知怎的让一只老虎咬住了脑袋,老虎口中传出了小和尚的"吱吱"叫声,儿提时代的我们竟丝毫也不觉得残忍,反而哄笑不止,快活得不得了。

那时候的小荒场委实是民间艺人大显身手的场所。

小摊小点吸引了人,民间艺人更吸引人,小荒场不荒了,其他行当也来开辟它们的天地了,你看你看,剃头摊来了,威风凛凛的。剃头摊本身谈不上威风,一副担子,一头是剃头工具,一头是一只面盆,相当简陋。面盆里的水总是热的,俗语说:"剃头担子一头热。"剃头担子的威风体现在它的"皮刀布"上,架子上那条尺许长、二三寸宽的皮刀布是用来蹭刮胡子刀的,但它历史上是清八旗进军江南时"留发不留头,留头不留发"的招子。苏州人说,统军打苏州的八王爷给每个剃头匠一个布招,布招上就写着这么两行吓人的话,而且不是吓吓人就算了,你不肯把头发剃掉,改成猪尾巴那样一条辫子,剃头匠有权"咔嚓"一刀把你的脑袋砍

千年阊门

下来,砍下的脑袋就挂在那布招旁,一路行来,以儆效尤。沧海桑田,风光不再,清室逊位,民国军兴,苏州阊门外小荒场的剃头摊,已沦落到只配替进不起理发店的穷人断一头乱毛的地步了。穷人上小荒场剃头,看上的是价极廉,头发理成什么样,不讲究的。小荒场一般每天都有四五副剃头担子歇在那里,剃头匠的手艺都差不多,"阿大不说阿二",蹩脚程度不相上下,理出来的发,个个都像马桶盖。好在找这种剃头摊的顾客,剃光头的居多,小荒场剃头匠倒是很拿手的,一把剃刀本已磨得雪亮,再在油腻腻的皮刀布上刮它几下,更显出锋利来了,剃头匠摆好骑马蹲裆式的架势,用这么一把刀"刷刷刷刷"在顾客的脑袋上,三下五除二,干脆利索,一口气就把这颗脑袋刮得一毛不剩,活像个生青泛白、滴溜光滑的冬瓜。据说,剃头匠的这个基本功确也是从冬练三九、夏练三伏、坚持不懈刮冬瓜获得的,也算是此等行业的一绝了。

迷信行当也看中了小荒场这块宝地。占卜打卦的,测字看相的,衔牌算命的,都到这里摆摊子来了。做这种行当的人,文化程度都不高,作成他们生意的,就更愚昧了。不信,你只消到现在的地下过街道口去看看,那儿往往藏着这种算命看相的角色,地上摊一张白报纸,上写"不用开口,就知你贵姓",字如涂鸦,再看那位"算命先生",年纪不大,遮掩不住的农村青年气质,他就能算出你的过去未来、荣辱祸福?

既然迷信行当也有了,小荒场也可以说是三百六十行,行行到齐,可惜那时候没有摄像机,否则,留下几盘录像录

七、苏州的"天桥"

音,将大有益于今天的非主流文化课题研究。

随着石路闹市的形成,小荒场也起了些变化,表现在有人到这儿建房开店了。阊门一带上了年纪的老居民还回忆得起来,旧时小荒场入口处有家纸烟店,柜台呈曲尺形,朝东南向,供应的香烟中以英、美烟居多,"老刀牌"、"小仙女"最为普遍。那时候的香烟,壳子里往往附有一张画片,很多是连续的,收集多了可以凑成全套"西游记"、"封神榜"、"三国"、"水浒"人物画。小孩子特别喜欢这类香烟画片,为了凑齐一套人物画,就会缠着大人专门去买某个牌子的香烟。这便成了香烟的促销手段。

这个香烟店隔壁,是一家茶馆,三开间门面。茶馆的出现,说明人流在这个地方开始"沉淀",是小荒场发展趋势的某种征兆,这儿被人看做是个有利可图的地方了。果然,固定的店铺在小荒场越开越多,连医家也到这里落脚了,有个叫谢明德的,原本在小荒场摆场子,看到了这里的发展前景,下决心在小荒场的东头开了片"谢明德伤科诊所"。还有个王凤山,则在那茶馆对面,开了一家"王凤山诊所",主治牙病,兼看外科。过去苏州老百姓牙齿有了毛病,靠"大洋伞拔牙齿"来解决问题。小荒场也有这种"大洋伞",一辆独轮车,上面撑开一把大伞,牙医也不是正规学过医的人,大体是从小跟师傅,像学剃头学杀猪一个样子,学徒期间学不到什么真本领,替师傅倒夜壶、做家务杂事倒是主要课程,三年萝卜干饭吃完,就算满师了,自己出来混,对待病牙,不问青红皂白,一律拔除之,拔的方式十分野蛮,不知道止痛针为何物,一把老虎钳,硬生生的就把你一颗牙齿扳下来了,扳得你满嘴是血。"大洋伞"主的另一个本事是:"捉牙虫",将牙齿没毛病的人骗到他的大洋伞下,叫这个人张大嘴巴让他人搜寻"牙虫",待这个人嘴巴酸得泪眼模糊,注意力分散时,他变魔术似的,迅疾地将一条早就准备好的"牙虫"嵌入这个人的牙缝,用钳子钳出来向人收钱了。小荒场有了牙医诊所,尽管很简陋,医术也不太高明,但是,比起"大洋伞"来,进步多了,不多时日就已将一把把"大洋伞"挤出了小荒场。发生在小荒场的这个情节,若辅以其他许许多多小荒场故事,哪一天有个作家绘声绘色写出来,保证很通俗很精彩,可与邓友梅的《烟壶》媲美。我们苏州的当代作家,还没有哪一位向读者奉献出一部江南"烟壶"呢!

  小荒场终于不再荒了,戏院都开设出来了。小荒场内陆续开了三家戏院,最西头一家叫"金明戏院",是锡剧在苏州的大本营。这个戏院很蹩脚,场子里虽分正座、边厢两等,却都是通条长凳,观众买筹入场,先到先坐,很少有客满的日子,能有个五六成座就不错了。场内照明极差,戏台上也没有灯光设备,音响更谈不上,全靠演员嗓子,幸亏场子不大,后排的观众也能听到。第二家是"易兴戏院",并无固定剧种,各种地方戏都光顾过这家戏院,哪个剧团接下这个场子就哪个剧团演,戏院只要有分成就行。再往里走一点便是"东方戏院",是有固定剧种的,专演淮剧,观众基本上是苏北同乡。这三家戏院的出现,使小荒场作为渐趋正规的娱乐场所已初具规模,但并未改变小荒场的性质。三家戏院都不妨看做是贫民戏院,小荒场的贫民娱乐场所特征丝毫也不曾减色。小荒场其他店铺也同样,稍有钱钞、稍有

七、苏州的"天桥"

身份的人是不涉足的。

小荒场现在已经不存在了,就像北京的天桥一样。从这一点说,小荒场与玄妙观,前者更近似北京天桥在苏州的缩影。

阊门外老居民,有时牵着小孙子的手,逛石路逛到小荒场旧址,面对已变成高楼大厦的这块地方,还会突然吐出一声:"这里老早是小荒场……"可见他们还是怀念这个贫民娱乐场的,毕竟这儿曾是他们经常去游玩的地方,这个地方给了儿时的他们很多乐趣,很多快活。

阊门一带可以游玩的地方很多,例如,著名的古典园林留园就靠近石路。从石路步行十多分钟便到留园。留园的楠木厅、鸳鸯厅,为苏州园林厅堂布置最典型者。楠木厅取李白"庐山东南五老峰,青天秀出金芙蓉"诗意,题为"五峰仙馆"。但一般人因这个苏州众园林中最大的厅堂陈设的全是精致楠木家具,而习惯于称它为"楠木厅"。楠木厅南庭,还有一项苏州园林之最,那就是众园林中

留园冠云峰

规模最大的一处湖石厅山。鸳鸯厅在楠木厅东首,这个富丽堂皇的厅堂,堪称中国古典私家花园厅堂建筑的精品。此厅一面雕梁画柱,一面朴素简雅,相反相成,殊异一体,这

千年阊门

样匠心独具、高度艺术的设计、结构、陈设、布局实乃罕见，它的俗称"鸳鸯厅"真是贴切，难怪将它很雅的正式名称"林泉耆硕之馆"湮没了。鸳鸯厅北面，是著名的"留园三峰"，冠云峰雄峙居中，朵云峰、岫云峰屏立左右，都有些年头了，还是宋代"花石纲"的遗物呢！

有篇文章写冠云峰，作者钱怡。文章不长，却将冠云峰之妙写尽，不妨录下以飨读者：

> 万古不移的奇石，由天地至精之气结成，是苏州古典园林的风骨。中国文人历来对石有着近乎崇拜的共识，赋石于人格，以灵性；待如宾友，视如贤哲，重如宝玉，爱如儿孙；品石、藏石、咏石、画石之风源远流长。园林置石，是大自然的写意，精神境界中的自然，这也是文人嗜石的个中三昧。
>
> 在石的家族谱系中，唐代白居易最先把瘦、透、漏、皱的太湖石品为最上选，这已被后人所公认。明代造园家计成就曾指出，太湖石峰以体量高大为贵，植于轩馆厅堂前，装点在乔松奇卉下，罗列至园林广榭中，均时分适宜，并给人以壮观的美。
>
> 奇峭挺拔的留园冠云峰，峰高6.5米，是中国园林现存最高的太湖石独峰。峰形面面看，每看每异；正面嵌空瘦秀，西侧玉立亭亭；近看纹里纵横，远望曲线优美；仰视云天作背景，孤高伟岸；俯视碧波倒影，清明可爱。整体形状又可视作仙女梳妆，或观音送子，或鹰龟争斗，颇有远取其势、近取其质，远近高低各不同的意

七、苏州的"天桥"

趣。峰侧有岫云、朵云两峰左辅右弼，周围建冠云楼、冠云亭、冠云台、仁云庵等建筑，峰前凿浣云沼，形成一组以冠云峰为主景的景区。冠云楼内悬匾额"仙苑停云"，赞美三峰停留处美如蓬莱仙苑、人境壶天。

"奇石寿太古"的冠云峰，凝结着数百年来文人的审美品评，成为中国传统石文化的表征。"冠云之峰，永镇林泉。"

然而现代的人们也需要现代气息的游乐场所，如"苏州乐园"。如今的城市都扩大了，阊门也相应延伸了，狮山下的苏州乐园完全有理由划进大阊门的范围来。如果把金门路向前伸展直到拐了个弯的地形比做一只靴子，那么，苏州乐园就位于靴尖上，从现代城市的格局看，纳入"大阊门"也不错。这些年，去苏州乐园游玩的人越来越多，自1995年

苏州乐园

千年阊门

开业以来,游客入园量年年刷新。

那么,苏州乐园为什么也会一年比一年更吸引人呢?

苏州女作家徐卓人写过一篇苏州乐园的介绍文章,不妨摘录一段,便可知个中"奥秘"了:

> 苏州乐园是由苏州新区经济发展集团总公司、上海东方电视台、香港新华银行、香港中旅等联袂6亿元兴建的。这次强强联合的坐标是以"东方迪斯尼"为形象定位,以在全球具有很高知名度和美誉度的"迪斯尼"为比附对象,把风靡全球的美国迪斯尼的活泼壮观、积极自由的精神引了进来,对于一贯呼吸着古老文明气息的中国游乐人,这新鲜的感觉就像芥茉又冲又辣却又赏心。面对机器时代,人活得快节奏,活得很疲累,需要找着玩,找着乐不是?此时迪斯尼来了,可谓天时。
>
> 出游绝对重要的一条是地利。苏州乐园选址在与苏州虎丘遥遥相对的狮子山脚下,流传极广的经典民间故事《狮子回头望虎丘》引发游乐人都想亲眼看一看这个数千年之后的戏剧性结局,何况"市郊结合部"的区位首先又获得了市场的主动权。宏观上看,苏州乐园依托苏州,左有无锡、常州,右有上海,行程2至3小时,距离200公里以内的居住人口超过3 000万,且这个地区均是"小康"家庭;微观上看,苏州乐园紧贴姑苏老城,到它那里游乐,就像去城里购物一样便利,三站五站至多七站八站公共汽车一颠就掂定。

七、苏州的"天桥"

苏州乐园借鉴美国迪斯尼适合"全家共享"的奇特和高明,是让开放中的传统中国人非常乐意接受的。它追随迪斯尼,紧紧抓住了欢乐这一至高无上的人类沟通方式,以规模优势和综合性为中国家庭喜爱。苏州乐园94公顷的土地上,有水上世界和欢乐世界两个独立景区,许多项目都达到国际90年代水平,引进了"飞碟探险"、"时空飞船"、"宇宙大战"、"太空历险"等高科技项目,划分为苏迪广场、狮泉花园、欧美城镇、儿童历险、苏格兰庄园、威尼斯水乡、未来世界、百狮园等区域,动静结合,号称"中国第三主题乐园的真正代表"。更有价值的是,它的国际游乐高科技与西洋文化风尚竟改变了苏州传统的旅游格局。老百姓最能计算实惠,他们发现,去苏州乐园有个最大的好处,就是不论老年、青年、少年,无论好动还是喜静,都可乐上一把。或者不说自个儿去游乐去松心,即便亲朋好友远道而来,将他们往乐园一送,吃喝玩乐都有了,多省心!

作者其实是在对我们说:苏州乐园是苏州2500年文化沉淀的补充和创新。苏州没有传统文化沉淀就不成其为苏州,同时,若不注意必要的补充和创新,苏州这座历史文化名城的生命力也就值得打个问号了。

恰好苏州乐园离阊门不远,我们是否可以这样说呢:传统与现代的和谐结合,正是今天阊门的最佳写照。

八、黄龙旗坠落闾门

旅店毫无疑问也是一个地区繁华与否的体现。

假如没有南来北往的许多客商,旅店肯定是发达不了的。不信,你到僻远的大西北去考察考察,不要考察省会,考察一个闭塞的小县城,你数数那儿有多少旅店,你就相信这个说法了。你怕远,不要紧,你不妨就近考察一下,你可以到苏南的任何一个镇上去看看,甚至到一些冒尖的村去看看,那里就有非常气派的旅店类建筑物。这些建筑物映衬着那里的经济发展水平,告诉你那里是投资者感兴趣的地方,经常有很多的客人跑来,财源很旺盛。总之,一个地区旅店多,说明这个地区是旅客喜欢落脚的地方,商业、旅游业不会不兴旺的。石路正是这样的一个地区。

旅店古已有之,古时的旅店叫客栈。香港有部电影叫《新龙门客栈》,这个龙门客栈未标朝代,反正是古代的吧。旧小说中出现

八、黄龙旗坠落阊门

的投宿店,大多叫做"悦来客栈",就像旧小说中丫环最通用的名字叫"梅香"一样。可见,"客栈"是相当一个时期中国旅店的专称。客栈渐渐的没人叫了,改叫旅社,旅社是近代的名词。现在旅社又不叫做旅社了,好像再叫旅社就有点掉价。现在都爱把牌子做得大而又大,牌子刷上某某宾馆、某某大酒楼这类弹眼落睛的字样。从旅店名称的演变,也可看出时代的变化。

旅社作为很时尚的名称,应该属于20世纪二三十年代。

当时苏州有个"惟盈旅社"。

说惟盈旅社,先要说新华客栈。新华客栈是商人陆文卿的产业。新华客栈坐落在阊门外横马路转角处,大门在大马路,后门在南濠街,规模较大。新华客栈创建于清光绪年间。光绪年间阊门一带的旅店已经不少,这与1860年庚申战火之后阊门市面逐渐恢复有着直接关联。市面的恢复有赖商业,商业的繁茂离不开运输,运输促成了码头建设,码头附近自然是旅店业集中的地段,其时从石路通向万人码头的一条不足300米的姚家弄,就有公泰义、鸿升栈、斌升栈、天宝栈、大行台、人和栈、晋升栈等旅店,左傍右挨,鳞次栉比。出姚家弄,旅店也比比皆是,随便走到哪条街哪条巷,三二步便有旅店茶房站在店门前殷勤招呼客人住宿。大马路上的祥安公,石路上的瀛台、鸭黛桥的苏台,都是很有名的旅店。当时旅店的发展势头还呈不可抑止之状,从石路乐荣坊、上塘街、广济桥发展到吊桥东童子门,又继续向阊门内发展,扩至阊门下塘仓桥浜、西中市德馨里、吴趋坊天库前,四面开花。陆文卿的新华客栈湮没在如此众多的旅店中,尽管具有一定规模,本也不值得我们专门提到这个商人。陆文卿之所以引起我们的关注,在于由他之故,引出了后来的惟盈旅社。

陆文卿是个很有商业头脑的经营者。他创办新华客栈的时候,沪宁铁路尚未通车,交通运输除了水路,便是车马。北方商旅大多自带车马载货来苏,新华客栈把目光盯在了这帮客商身上。新华客栈比较宽敞,车马歇在那里很适宜,加上老板又安排专人管理,车有人看管,车上的货不卸下来也保证不会丢失,免去了货主晚上卸货、早晨装货的麻烦,马也有人夜间喂草,俗话说"马无夜草不肥",行程中的马,白天途中吃点草,匆匆忙忙,不易消化,到了这个新华客栈,夜夜有很安逸的夜草吃,待主人把货销完,马也养得很精神,回程拉空车岂不四蹄生风,快疾如飞。新华客栈车水马龙,络绎不绝,生意兴隆,盛极一时。可是,陆老板的商业头脑也仅限于此,新华客栈成了陆老板的"涨停板",他陶醉在新华客栈日日滚进的财源中,固步自封了。他对光绪末年沪宁铁路的通车缺少点儿敏感,未曾意识到这条大动脉必然使北方车马货运大减。倒是有一个人暗中注意到了新华客栈的优势已经失去,必须开辟新的获利途径,这个人姓孙名福田。

孙福田是上海人,1907年沪宁铁路建成通车,从上海到苏州的交通变得十分方便,他三次乘火车来苏州旅游,有两次就住进了新华客栈,在与陆老板的攀谈中,他觉察到了陆老板未曾意识到的新华客栈的危机。

八、黄龙旗坠落阊门

很多时候,发不发财,成不成功,甚至生否死否,便在这么一点儿敏锐的感觉。

孙福田并未将自己的想法交流给新华客栈的陆老板,他没必要承担这个义务。生意场上无君子,能获利的想法,与其贡献给别人,不如自己叫它变成现实,自己赚钱总比让人家赚钱更舒服。孙福田对新华客栈的预测,使他产生了自己搞个适合于时需的旅店的念头。他决定付诸实施了。

孙福田第三次来苏州,别人看他仍是旅游,他却是"醉翁之意不在酒"了,真实心思乃是借旅游之机踏勘建旅店于"人间天堂"之址。孙福田雇了一只快船,从渡僧桥穿到虎丘,又绕到葑门外金鸡湖,再沿护城河将六城门全兜了一圈,足足花了两天时间,想想心中还没底,隔一日,又雇一辆马车,在阊门外大马路、石路缓缓行驶,来来回回五六趟,终于选准了一个地点:

钱万里桥。

孙福田绕六城门的目的,是为了比较阊门在苏州其他地段是否有优势,兜了两天,他对这一点是放心了。"瘦死的骆驼比马肥",阊门至少还当得成这个"骆驼";阊门毕竟还留有昔日辉煌攒聚的许多民间财富。那么,他未来的旅店肯定是选在阊门外了,但到底选址何处呢?他把石路与大马路作了反复筛选,得出结论:阊门的旅店多数集中在石路一隅,离火车站较远,外地旅客投宿石路毕竟不太方便。阊门名声很大,外地旅客并非不愿到石路,但需雇车,逢到夜间雨雪,车未必就能雇到。从火车站雇车到石路,大马路是必经之路,倘在靠近火车站的大马路一处地方有个很不

千年阊门

错的旅社,旅客怎会不首选此店投宿?于是孙福田在距离苏州火车站步行只须七八分钟的钱万里桥堍,投资开设了一家旅店,还在沿河买下一块地基,筑起驳岸,建成一个码头,便于旅客登舟,游览城里城外各处名胜。这个旅店,孙福田取名为"惟盈旅社",可见他对获利抱着很乐观的态度。

果然不出孙福田所料,新华客栈由于沪宁铁路通车造成的客源变更,短短时间就生意清淡,不得不闭业,从苏州旅社业中彻底消失了。惟盈旅社则成了苏州这一行的后起之秀,给业主带来了不小的收益。

从地方志工作者采自阊门老居民口中的资料,编写的《金阊几家特色旅店史话》,我们可以查找到有关惟盈旅社的如下文字:

旅馆为二层洋式楼房,辟草坪,栽桃柳,中建翼亭,镶以湖石,玲珑剔透,相映成趣,加之园外小桥流水,视野宽广,益具诗情画意,倒也别具风格。旅馆上下二层共有客房二十八间,设置简洁高雅,宽敞舒适。在走廊和阳台上凭空眺望,河面舟船往来,城中古塔高矗,水乡风光,尽收眼帘。旅馆附设餐厅,供应中西菜肴,并聘有翻译,接待外宾,也常有各地政要权贵、巨商富户光临。该旅馆还特约三艘大型快船,停靠于自备码头旁,专为本店中外旅客游览服务。快船备有菜点,尤其是应时水鲜佳肴,脍炙人口,无不交口称赞。孙福田还亲自编写实用通俗讲义,进行讲课辅导,提高导游业务水平,使游客感到方便。把橹姑娘,均在妙龄,经过训

八、黄龙旗坠落闾门

练,都能胜任自如,扭推轻柔,更增添了几分风采。

惟盈旅社靠着它的设施,更靠着孙福田的颇善经营、精于管理、敢占风气之先,吸引了大批中外游客,本地人几乎没有不知晓钱万里桥堍这家旅店的。

惟盈旅社在二三十年代,名气可谓大矣。

惟盈旅社名气大的原因,还由于清帝逊位这一个历史事件与它有关。

清帝逊位有道诏书,诏文如下:

朕钦奉隆裕太后懿旨。前因民军起事,各省响应,九夏鼎沸,生灵涂炭。特令袁世凯遣员与民军代表讨论,开会公决政体。两月以来尚无确当办法。南北睽隔,彼此相持。商辍于市,士露于野。徒以国体一日不决,故民生一日不安。今全国心理,多倾向共和。南中各省既倡议于前,北方各省亦主张于后,人心所向,天命可知。予亦何忍以一姓之尊荣,拂兆民之好恶。是用外观大势,内审舆情,特率皇帝将统治权归诸全国。定为共和立宪国体。近慰海内厌乱望治之心,远协古圣天下为公之义。袁世凯前经资政院选举为总理大臣,当兹新旧代谢之际,宜有南北统一之方。即由袁世凯组织临时政府,与民军协商统一办法。总期人民安堵,海内久安;仍合汉、满、蒙、回、藏五族完全领土,为一大中华民国。予与皇帝,得以退处宽闲,优游岁月,长受国民之优礼,亲见郅治之告成,岂不懿欤? 钦此。

逊位诏书行文措词,很遮清室面子,好像他们是顺应人心,效仿舜尧。对于让位于他人,似乎也是平心静气的。其实哪有这回事。那时宣统皇帝才六岁,不懂事,终日嬉戏,不必说他,从代小皇帝掌玉玺的隆裕太后的表现,便可以看出清帝国最后一任最高统治者的真实心情。蔡东藩在《清史演义》和《民国通俗演义》中,均有生动描写。蔡东藩是个很了不起的通俗小说作家,他穷十年之功,写了十一部书,计500余万字,总名《中国历史通俗演义》。蔡东藩写这系列演义,给自己定了个原则:"以正史为经,务求确凿;以轶文为纬,不尚虚诬。"所以,他的作品简直就是通俗的史书,基本上是可以采信的。蔡东藩是完全秉承太史公的写法,虽然前者侧重于小说,后者专注于历史。那就让我们来看看蔡东藩是怎样根据史实,写出他想象中的、以隆裕太后为代表的清室当时的心境的。

蔡东藩多次这样写道:"只得由隆裕太后出场,再开御前会议。皇族等统已垂头丧气,隆裕太后也垂着两行酸泪,毫无主见。""清王族个个惊慌,逃的逃,躲的躲,哪个还敢来反对逊位?""太后只得钤印御宝,钤宝时,两手乱颤,一行一行的泪珠儿,流个不休","太后泪落不止,袁总理(袁世凯)带吓带劝,絮奏了好多时,最后闻得太后呜咽道:'我母子两人,悬诸卿手,卿须好办理,总教我母子得全,皇族无恙,我也不能顾及列祖列宗了。'""隆裕后……返入寝宫,痛声大哭。一班宫娥侍女,都为惨然。又经窗外朔风,猎猎狂号,差不多为清室将亡,呈一惨状。自是隆裕太后忧郁成疾,食不甘,寝不安,镇日里以泪洗面。""只觉身子寒战起来,昏昏

八、黄龙旗坠落闾门

沉沉,过了半晌……流泪道:'我悔不随先帝早死,免遭这般惨局。'"

这才是大清帝国寿终正寝前夕的真实写照。

大清帝国被中华民国替代之后,又是个什么景况呢?蔡东藩写道:

> 1913年阴历正月十日,为清隆裕太后万寿节,袁总统特遣梁士诒为道贺专使,赍送藏佛一尊,及联额数幅,并总统放大相片一座。相片上署"袁世凯敬赠"五字。前用军役导着,后由梁士诒乘着黄舆,昂然前进,直至乾清门前,方才下舆,徐步入内,至上书房。清总管内务府大臣世续,出来迎接,导入乾清宫正门,殿宇依然,朝仪已改。隆裕太后端坐殿上,两旁虽有侍女护着,并清室近支王公,两旁站立,怎奈望得过去,只觉得一片肃飒气象,更兼隆裕后形容憔悴,带着好几分病容,见了梁士诒,尤不禁触目心伤,几乎忍不住两行珠泪。梁士诒却从容不迫,行了三鞠躬礼,又呈递国书,内称:"中华民国大总统,谨致书大清隆裕后陛下,愿太后万寿无疆。"隆裕太后答词,由世续代诵,略称:"万寿庆辰,承大总统专使致贺,感谢实深"云云。世续念一句,隆裕太后泪下一行,等到世续念毕,隆裕太后的面上,已不啻泪人儿一般。梁士诒亦看不过去,当即退出。嗣闻隆裕太后,瞧着袁世凯相片,益觉得怨恨交集,恸哭了一昼夜。次日即卧床不起。原来隆裕太后,自诏令退位后,心中悒悒不欢,尝谓:"孤儿寡妇,千古

千年阊门

> 伤心,每睹宫宇荒凉,不知魂归何所"等语。从此积成肝郁,尝患呕逆。至民国二年正月中,胸腹更隆然高起,日渐肿胀,经御医佟质夫、张午樵二人诊治,稍觉轻减。二月十五御殿受贺,起初却还有些兴致,嗣见梁使到来,用着外国使臣觐见礼节,免不得悲从中来。且宗室王公大臣,多半避匿,不肯入贺,殿中不过寥寥数人。看官!你想人非木石,到这地步,能不格外伤心么?古人说得好:"忧劳所以致疾。"况隆裕太后已有旧恙,自然愁上加愁,病中增病。或谓:"万寿节内,天气晴暖,宫中所用薰炉,热气太高,感受炭气,因致病剧。"其实隆裕太后致死原因,并不是伤热症,却是袁总统送她归阴的。

这种情状,烘托出了清帝逊位诏书的分量。

这道诏书一下,意味着一心效仿慈禧太后却远不具备慈禧本领的隆裕太后,将带着稚臭小儿、末代皇帝宣统滚出金銮殿,中华五千年封建制度从理论上结束了。

这道逊位诏书,宣示了清王朝自己降下了它的黄龙旗。黄龙旗其时已在许多省、市降了下来,不过都是辛亥革命的响应者强行扯下来的。从这个角度说,逊位诏书是黄龙旗自动坠落的告白。这个告白拟稿地点就是苏州阊门外的惟盈旅社,因此,也就可以看做,清王朝的黄龙旗最终坠落在了阊门外。

苏州阊门的历史纪念价值,理应不低于辛亥革命的首义之区武昌。

八、黄龙旗坠落阊门

那末,为什么清帝逊位诏书会出笼在苏州阊门外惟盈旅社的呢?

这就又要把一个人扯进来了。

这个人名叫张謇,南通人,清末状元,与袁世凯关系很好。袁世凯在清室和革命党之间做人做鬼,两头卖乖,目的在于窃国,逊位诏书对他而言性命交关,所托拟稿之人绝对是要信得过、靠得住的。在袁世凯心目中,张謇正是这样信得过的一个人物。南通、苏州一江之隔,张謇常到苏州来逍遥,他往苏州跑,不易引人注意;苏州近临上海,消息灵通,这当口保持信息渠道畅通至关重要;苏州是当时的江苏省会,江苏的封疆大吏倾向如何,决不是可以轻描淡写的事,在苏州拟诏便于探摸手握江苏大权的老滑头程德全的底牌;惟盈旅社与火车站仅咫尺之遥,万一有个风吹草动,开溜起来十分便当,而且这个旅社历来出入均是富贵豪门,闲杂人等休想混入,住在这里安全舒适,又不受外界干扰。上述种种原因,便是选择苏州这个旅社为拟稿地点的条件。

张謇带了两个幕宾杨廷栋和雷季馨躲进了惟盈旅社。诏文拟成后,张謇说他生病了,让雷季馨北上把稿子交给了袁世凯。我怀疑张謇这个病早不生、晚不生,偏偏在送稿的时候生,是有名堂的。大概张謇怕袁世凯对诏文不满意,或者其他什么政治上的需要,要像曹操那样"借汝人头一用",送稿子的人不正好自投罗网吗?老朋友归老朋友,一旦需要牺牲他人保自身政治前途时,搞政治的人都是毫不犹豫抛出老朋友的。那么,不如让一个幕宾去投石问路吧。

至于杨廷栋,起的作用就更大了。杨廷栋,吴县人,举

千年阊门

人出身,因文思敏捷,被张謇收为幕宾,张謇的公文函牍,十有八九由他代笔、润色。这次拟清帝逊位诏稿,捉刀者,非杨莫属。这个杨廷栋,一生中最杰出的作品,就数这件不署名的"豆腐干"文章了。世人只知将清帝逊位诏书挂在张謇账上,张謇也不谦虚,就让杨廷栋当个无名英雄,不过,张謇也未亏待这个幕宾,在张謇任熊希龄内阁工商总长时,给了杨廷栋一个工矿司长的肥缺。

在惟盈旅社拟诏的绝对机密,到了民国就不需保密了,消息传开,大家都要来参观参观这个地方,有人干脆订了房间住上一两夜,外地人更有慕名前来投宿的,于是营业额大增,孙福田多赚了不少钞票。这种状况一直延续到民国二十六年(1937年),抗日战争爆发,苏州沦陷后,惟盈旅社关门歇业。抗战胜利,虽然复业,但每况愈下,再也无法恢复昔日旺气了。惟盈旅社在竭蹶艰难中捱到1956年,公私合营时与附近的一家小旅社合并,改名为"青春旅社"。没有人想到,这个不起眼的旅社应该归入"文物保护单位"的。

或许是嫌它沾不上"革命性"的边吧?

清帝逊位诏书,是替最后一个封建大头子宣统皇帝拟的,又是给了窃国大盗袁世凯得了最大的好处,似乎真的没有一丝一毫的革命性可言。但是,我们换个思路想问题:没有辛亥革命的汹涌浪潮,光凭袁世凯那两刷子就能翻云覆雨么?他有那个能耐就早翻了!同样,不是辛亥革命,清室需要拟什么逊位诏书!再往深处想,苏州的氛围,或许是最适宜于张謇们藏着干这件事的,须知,辛亥革命时,江苏的义旗是在苏州首先举起的。因此,九九归一,这道逊位诏书

八、黄龙旗坠落阊门

是辛亥革命的产物。诏书拟于苏州阊门外一家旅社里,阊门也多了一道带革命色彩的风景。

阊门的革命色彩,清末民初还有两项突出事件:南社与护国战争。

苏州有位名叫甘兰经的,撰文曰:《清末阊门散记》,对这两项历史事件录之凿凿,摘抄如下:

> 关于南社的建立。革命文学团体南社,成立于1909年11月13日。南社成立前,在上海有神交社,在苏州有三千剑气社等组织,是它们经过了多年的酝酿而发起建立南社的。南者,对北而言,是反对北廷的标志。他们借诗文唱酬来提倡民族气节,宣传民主爱国思想。南社继承了明末复社的文人传统……柳亚子在《南社纪略》中写道:"在会期前四天,阳历十一月九日(旧历九月廿七日),我就赶到了苏州,老朋友太仓俞剑华、冯心侠也来了,住在阊门外惠中饭店,热闹了好几天"……到了1909年11月13日那一天,四方来参加会议的有19人,在正午前雇了一只画舫,带着船菜,从鸭蛋桥惠中饭店出发,直向虎丘驶去。开会地点在张公祠。
>
> 关于护国战争与阊门的关系。袁世凯于1915年12月公然宣布承受帝位,下令改民国五年为"洪宪元年",准备次年元旦正式登基,这引起了全国人民的强烈反对。12月25日,蔡锷等人为反对洪宪帝制,领导云南、贵州等省军民发起讨伐袁世凯的战争,因其组织

的军队名护国军,所以称为护国战争,并宣布云南、贵州独立。为响应护国战争,广东、浙江先后宣布独立。但袁世凯命令江苏都督冯国璋,对孙中山领导的中华革命党和江苏人民的反袁活动,采取镇压措施。陈去病在上海竞雄女校,和在沪的同盟、光复两会的柏文蔚、戴季陶等人讨论进行抵抗,策划在苏州举行起义。陈去病与阙玉麟、郑亚青、徐自华等人来到苏州,辟室于阊门外苏台旅社,指挥一切。他们事先与苏州警察所长有所联系。后来该所长翻悔,警察厅长崔凤舞派军警包围苏台旅馆。徐自华获讯,密藏重要文告、旗帜暨印信于裹腿之内,空手从边门脱险,陈去病等人亦乔装逃逸。这是革命党人在苏州阊门石路发动的一次反袁斗争,虽没有成功,但足以显示他们的英勇气概。

由此看来,阊门值得书写的,不仅商贸,还有革命传统。给阊门染上革命传统色彩的,何止一个惟盈旅社,还有

五 人 墓

八、黄龙旗坠落阊门

的是,你看看那个"五人义墓"!

这座位于山塘街青山绿水桥间的墓冢,埋着颜佩韦、马杰、沈扬、杨念如、周文元五位明代平民。这是五位伟大的平民,说他们伟大,是因为由他们为首,掀起了一场市民抗暴斗争。有明一朝,是中国历史上最黑暗的王朝,最黑暗的一个标志就是阉党专政,真是无与伦比的悲剧。太监头子魏忠贤就是登峰造极这么干的。苏州魏忠贤的死党织造太监李实、巡抚毛一鹭有恃无恐,横行不法,早已令百姓切齿痛恨,民怨鼎沸,苏州已成一只火药桶,就差一根火柴来点燃了。正在这时,魏忠贤派缇骑(特务)前来苏州逮捕周顺昌。周顺昌是个很正直的人,他本已辞官回乡,在苏州日子过得好好的,但他同情东林党人,不惜把自己的身家性命牵扯进去。东林党是专和阉党做对头的,魏忠贤必欲杀之而后快。有个东林党人魏大中被捕递解入京,路经苏州,周顺昌竟然吃了豹子胆,硬留魏大中在家住了三天,每天好酒好菜招待还不算,还要将自己的女儿许配给魏大中的孙儿。这都是捋魏忠贤虎须的行为,周顺昌却不肯到此为止,还公开扬言:"别人怕阉贼,无非畏死,我周某不怕,谁去告诉阉贼,让他知道世间有个好男子周顺昌!"这么一个"狂徒",魏忠贤岂能容得,不久就派缇骑前来苏州捉拿周顺昌。殊不知此事激怒了苏州市民,这次大大地发作起来了,居然拦阻缇骑,大骂阉党,进而发展到罢市示威,痛打魏阉爪牙走狗,当场就打死一个缇骑。当时群情激愤,满街怒吼,冲突异常激烈。苏州市民的斗争,必然遭到官府的镇压,朝廷派出大军,准备对苏州大开杀戒。这时颜佩韦等五人挺身而出,把

千年阊门

"倡乱"罪名一股脑儿揽到自己头上,以他们的五颗脑袋换来了乡亲们的免遭屠戮。这五位义士被绑赴市曹砍掉了脑壳,但历史记住了公元1626年苏州的这一场大规模市民运动。这是中国历史上市民第一次走上政治舞台,在世界史上,也是较早的市民风潮,它的意义是极其重大的。颜佩韦等五义士捐躯后的翌年,魏忠贤倒台,苏州百姓自发地一夜间拆毁了阉党为这个大太监头子建在山塘街上的"生祠",将五义士的遗骨葬在了这块废基上。所谓生祠,便是活人受祀奉。这是中国历史上最丑恶的一个现象,时人评为:"蛆蝇逐膻,廉耻丧尽。"苏州魏忠贤生祠改为"五人义墓",大快人心。后人对五义士非常敬仰,赞之为"虽是市中百姓,恰也旌表万年"。复社领袖张溥满怀激情写了《五人墓碑记》。复社是明末清初有骨气的知识分子的结社,作为这个社团的领袖,张溥如此推崇颜佩韦等五义士,可见这五义士真的是很值得人们敬钦的了。推崇五义士的岂止一个张溥,历史上有点地位的文震孟也撰过《五人义助疏》、杨廷枢题了"义风千古"坊额。戏剧界更起劲,写了一本本杂剧,一朝朝一代代的演,演得家喻户晓,老幼皆知。还有个名叫韩馨的八龄稚童,竟也书写了"五人之墓"四个大字,这个墓前竖着的石碑就是依此四字凿刻而成的。这个八龄童对颜义士等五人的敬重,实在比许多大名士的题咏更令人感动。令人感动的还有一例,那就是葛将军甘为五义士守墓。

葛将军姓葛名成,他从来就未带过一兵一卒,自小只是个机匠而已。他这个"将军"衔是苏州人赠给他的。明万历二十九年(1601年),明神宗派太监到苏州增税,机户不堪

八、黄龙旗坠落阊门

重负,被迫闭户停工,生活来源濒于断绝,葛成振臂一呼,应者云集,苏州手工艺工人哨啸街巷,杀税棍,焚其宅,吓得朝廷派到苏州来增收税赋的太监孙隆夹起尾巴溜之大吉。这场风潮也是了不得的,排排历史表,又是中国之最,在此之前中国手工艺工人还未这样"发格"过。朝廷少不得又要发兵镇压,葛成也不是熊包,当即挺身而出,承担责任,响当当一句话,说是自己为首的,与他人无涉。葛成被关进了大牢,一关13年,其间苏州发生了颜佩韦等五人为代表的市民抗暴斗争,葛成心向往之。所以,他被释放之后,哪儿也不去,竟在五人墓旁搭了间草棚棚居住,只说要为五位义士日常扫墓,清明焚香。葛成死后,时人铭赞其:"吴中义士气如云,留得余生代有闻,东海长虹挂秋月,丹青齐拜葛将军。"(明·陈继儒《葛将军墓碑记》)并按其遗言,将他的坟墩筑于五人墓侧,让他的在天之灵依旧做个五义士的守墓人。葛成将颜佩韦等五义士衬托得何其高也。

由于有了这个五人墓,苏州阊门外便有了一处千古万载让人凭吊的圣地。

的确可视为圣地,我说颜佩韦等五义士是不折不扣的平民圣雄。

这些都是五星红旗升起之前的事了,要讲革命性,与五星红旗搭界的事肯定是最无争议的革命性了,让我们来抄录《金阊文史资料》中的一篇文章。

这篇文章题为《苏州大地图书馆》,全文如下:

1947年2月,在阊门外大马路乐茶坊3号一间狭长的吃饭间建立了"大地图书馆"。它是在苏州地下党的关心和领导下,在"文心图书馆"的影响和支持下,建立的作为解放战争时期苏州阊门内外团结青年学生、职工和社会青年开展进步文化活动的一个团体。它在严峻的岁月里,经受了磨炼和考验,始终坚持和力争党对青年的领导,把握正确的政治方向。解放初期仍继续发挥其团结教育青年的作用。

1946年冬,"大地图书馆"由"文心图书馆"干事陆咸、张文英,经"文心"地下党领导人唐崇侃支持、酝酿筹建。次年2月5日,正式对外开放。当时图书不过300多册,小说居多,有鲁迅等许多进步作家的作品,还有一些苏联小说以及社会科学书籍。陆、张为负责人,并邀请一些同学到图书馆工作,义务为读者服务。读者主要是阊门内外的中学生和青年店员以及社会青年。3、4月间,唐崇侃又派"文心"干事杨授经来"大地"协助工作,陆咸回"文心"。"大地"工作主要由张、杨负责。为团结更多的青年,增进友谊,还开展读者联谊等活动。

1947年春夏之交,"大地"与"文心"借《苏报》合办副刊《读书周刊》,主编为陆咸,内容有"书籍评价"等栏目,最后因国民党不能容忍该报宣传进步文化思想,出刊三期即停刊,但已产生较大影响。是年暑假,"大地图书馆"筹集图书经费,与正风业余剧社联名领衔在北局丽都大戏院义演话剧《十字街头》,苏州明报《蓟菲》文艺副刊对其良好的演出效果作了专版剧评和介绍,

八、黄龙旗坠落阊门

所得收入为图书馆工作的开展改善了条件。义演后,"大地图书馆"仿"文心"建立了干事会,经推选,张文英、杨授经为正副总干事,进一步加强了领导和民主管理,推进了馆务工作。直至1948年2月5日,"大地"举办建馆一周年庆祝活动时,图书已增至一千余册,读者也相应增多,除阊门外的青年学生、职工外,城内的光华、桃坞、伯乐等学校的学生,也都成为"大地"的读者。

1948年4月4日,"大地图书馆"和文青联谊会合并,改名为群联互学会,对外仍保留"大地图书馆"名称,选举了新的干事会,张文英为总干事。群联互学会成立后除继续开展图书馆正常活动和出版《文联》刊物外,还开展增办周日生活研究座谈会,开展对新人生观的讨论,继续办好图书馆墙报等活动。5、6月底,苏州地下党派沈家骏和朱维灏进入"大地",积极贯彻地下党中学生支部的意图,实现了党对"大地"的政治领导。8月28号,"大地"迁入金门内刘家浜24号新址后,不断发展,书籍、读者不断增多。但是不久,根据当时解放战争节节胜利、反动派在其统治区加紧控制和压迫的形势,遵照地下党的工作方针和原则,地下党中学生支部整编"群联",改组"大地"。9月5日,经馆员大会决定,群联互学会停止活动,恢复大地图书馆独立机构,并选举产生新的大地图书馆干事会,陆震华为馆长。整顿后的大地图书馆,致力于图书出借和阅览服务等项目。

千年阊门

11月20日,发生"国华大楼事件","群社"(自发性地下进步组织)领导机构遭到破坏,地下党即通知沈家骏、朱维灏撤出"大地",干事会陷于瘫痪境地。11月22日,"大地"干事王颂耕挺身应变,重建干事会,推举俞瑞元、张福民为正、副馆长。重建后的大地干事会,在极为困难的条件下,坚持在白色恐怖下办馆,联系了众多读者,还于2月5日举办了"二周年馆庆纪念座谈会"等活动。

1949年2、3月间,地下团员吴祖德重返"大地",被大地干事会推为馆长,在馆内秘密建立地下团支部,并担任团支部书记。该支部组织学习,进一步团结馆员和读者,为迎接解放作积极准备。4月27日前后,"大地"迎接苏州解放,继续开馆服务。半个月以后,十兵团在苏号召青年参军,"大地"团员大部分响应参军南下。因吴祖德患病,黄庆增代理馆长。不久由于馆内缺乏骨干,人手不济,发生大批图书失窃事件。吴祖德见此情况,乃返回"大地",整顿、维持"大地",至馆址迁入景德路197号,鞠盛支援了一大批文学名著,全馆图书陈列了5层书橱4排,共16橱,约有3、4千册左右,并增加10余名工作人员,为以后较长时期内坚持"大地"的图书服务,奠定了稳定的基础。

1951年秋,"大地"完成历史任务。经吴祖德与俞雪帆商议,"大地"全部图书捐赠苏州市图书馆,具体移交工作由俞雪帆等负责,搬运书籍则由接收单位派车运走。至此,大地图书馆经历了4年多的"峥嵘岁月",

八、黄龙旗坠落阊门

终于完成了它的光荣历史使命,在党所领导的进步文化事业中,在青年运动中,留下了光辉的一页。

这可是石骨铁硬的革命色彩了吧?

或许有人也会说,从这些文字中,看不出风云诡谲、轰轰烈烈,看不出慷慨激昂、壮怀激烈。其实在那个时代,这类革命活动倘被国民党抓住真凭实据,是要掉脑袋的!

正是这些热血青年,为阊门涂上了富有革命色彩的浓浓的一笔。

阊门也因此显得更可观瞻、可回顾、可书写了。

九、重绘现代繁华图

现在让我们聚焦到今天的石路。

再说石路,先要提一下阊门月城。苏州市金阊区政协编的文史资料中,收有杨金坤撰写的一篇文章,对这个月城介绍甚详,现录如下:

> 这个月城南抵今协和坊北侧,北至今探桥东北沿河,西侧紧靠吊桥东堍,外城门遥对吊桥。月城内还有一段自今探桥西侧到今水关桥东侧的河道,两段是里外两道水城门。
>
> 月城里外两道陆城门之间,有一条大街,叫月城大街。有房屋数百间,几十家商店。这个大月城至今还有遗迹可寻。吊桥东堍西侧,有 25 块花岗石砌的弧形残基,花岗石每块 32×135×20(厘米),顶竖嵌砌八块,每块端面 24×30(厘米),25 块分列八层,共高 2.4 米,宽

九、重绘现代繁华图

4.5 米。其余残迹以青石、黄石混合相叠,共 12 层,高 2.4 米,沿河走可见残迹 10 多米。吊桥西堍南侧,亦是青石、黄石混叠,共 10 层,沿河道走

阊门水城门(民国年间)

可见残迹 7~8 米,此处房屋都建在原月城城墙基础上,朝北面的店面为二层楼,而相联的南侧即是三层楼,足见这些房屋都横跨建在月城旧基上。沿河道向协和坊走,路面是平滑的石板街,有条石 25 块,这是当时的月城后街。现协和坊北侧,即是大月城的南面城墙,现南码头 150 号内尚有残存城垛可见。探桥西侧,桥外尚有相对竖立的石条,这是大月城外水关的残迹。探桥的北堍东侧沿河,还可见石块叠就的城墙基础,现有一幢中式二层楼房即建于原来大月城的城墙基础上。

到了清咸丰庚申(1860)年间,金阊商业闹市包括阊门月城,全毁于战火。金阊的大月城改建为小月城,面积较前大大缩小,月城在大城门前,像一垛照墙,正面没有城门,大城门两侧有南、北童梓门。南童梓门位置在今协和坊口向北约 8 米处,城门遥对今南新路,北童梓门位置在今阊胥路 182 号向东 15 米处,出城者,须左转弯出南童梓门,再右转弯,经月城后街(今协和

千年阊门

坊)到吊桥;或须右转弯出北童梓门,再左转弯,走北童梓街,上探桥,向西走小弄,上聚龙桥,沿城墙根才得上吊桥。

大城门上有三间两层的城楼,飞檐翘角,正面有庭柱10根,比今日的盘门城楼雄伟。城楼中供奉装金的关公神像。在南童梓门侧有台阶可上城楼。后来,城楼年久失修,日益毁坏,成为乞丐聚歇场所。

1927年,拆除小月城。小月城范围,成为一片荒场,称为"阊门广场",广场中设一标准钟塔。这时阊门仅一城门洞,拱高约2米,宽3米,纵深约5米,城门中间,间隔地突出界石,界石高1米,宽0.6米多,等于将城门通道一分为三,分别供行人、车、轿行走。如将城门关闭,城门恰阖闭其上。城门上城楼依旧。

阊门(1940年左右)

1934年,东、西中市拓宽,阊门改建,仿照金门罗马式的门洞,将原来一个拱门,改为三个拱门,中门大,两边小。城楼亦拆除。1936年12月13日,举行启门通行典礼。此城门保存到1958年,"大炼钢铁"时期,

九、重绘现代繁华图

城墙被拆,拆下的城砖用于砌小高炉,城墙中的钢筋被取走利用。

1966年,"文化大革命"时期,城墙继续被拆毁。

1982年,将原城门北端到沿河城墙连土基全部铲平,筑成四路公共汽车站台、盘车道、始运站。

1983年,在原城门南端古城墙,用挖土机开始挖土,准备拆除残城,江苏省政府及时作出指示,停止拆毁城墙,并对残城墙筑墙保护。

现存的残拱,系南边小拱门的南侧青砖砌就,宽60厘米,有36厘米为装饰浮雕,系12×12厘米凸起正方形、角角相连的图案组成。砖上刻有"顾蔚记之铭"字样,每砖29.5×95厘米。城门的门轴为铁制,仍嵌于残拱墙壁内。

北边小门,方位在今马路中央安全岛处,马路中央系原大城门的位置。

在水关桥上还可以看到水城门青石砌的基础。

这里已涉及金门,那就索性借用杨金坤这篇文章中有关金门的段落,抄供读者:

阊门、胥门之间,原没有城门。今景德路(旧时为郡庙前、朱明寺前、申衙前、黄鹂坊桥弄)向西无法出城。在民国初年,城内外商业兴盛,为了便于交通,于1921年在阊门、胥门之间开了一个城门,叫"新阊门",它比阊门小,只有一个拱门,当时出城门要由黄鹂坊桥

千年阊门

弄翻过一个矮土墩才能出城。

新阊门位置,在今金门南60米左右,现长船湾航运公司内,直对恤孤局。城内金谷村,新阊门遗址现在还有残迹可见。

在航运公司食堂东面的杂物库就是利用新阊门门洞改建的,拱门还清晰可见,城基是青石、黄石、花岗石直横混砌,地面上还可见三层,文物考察时,测得城门深5米,宽4米,高5.3米。

1931年金门建成后,新阊门逐渐废弃。

金门,1931年1月1日建成,城门为罗马式,分三个门,中间大门为车道,阔7.3米,两旁两个小门为人行通道,各2.5米。门上"金门"二字由吴县县长王引才所写。"金门"二字含有财富集中之意,这是因为它地处阊门外商业闹区,濒临大运河,各类船舶和仓库集中。1921年,在阊门、胥门之间开的新阊门很小,不实用,所以,1931年拓宽景德路时,另辟金门,并建南新

金门(1934年)

九、重绘现代繁华图

桥,成为苏州市区东西向的一条通道。

1966年,"文化大革命""破四旧",大拱门上"金门"二字被凿毁。

1982年,金门北侧城墙铲平,兴建六层大楼为汽车货运公司。金门南侧为航运公司礼堂。南新桥拓宽后,金门已成为市区东西向的一个重要入口。

金门一建成,苏州城西部就有了保持繁华的一条新通道。金门是1931年开辟的。当时,苏州城市建设已使阊门的交通拥挤成了个大问题,开这个门就是为了解决这一压力,金门有利于城西部的内外沟通。当时通城西的有三条通道:一条景德路,从观前经金门到阊门;一条大马路,从火车站到阊门;还有一条东、西中市,从接驾桥到阊门。三条交通要道在阊门外汇合,汇合点必然形成一个新的商市中心,石路的繁华应该是势在必然的了。

然而,石路真正成为阊门地区的新兴商业闹市,却是在改革开放年代的事。

1993年,投资3亿多元的10幢现代化商厦在阊门外先后动工兴建,轰轰烈烈的石路商贸区改造开始了。在这之前,由于苏州古城中心观前街一带的商业勃兴,阊门石路风华不再,商业地位每况愈下,1991年金阊区商业销售总额仅3.3亿元。这种局面必须彻底改变!苏州阊门曾是清代画家徐扬《姑苏繁华图》重笔浓彩描绘之地,怎么能在我们这一代人手中变得黯然失色?于是,在邓小平南方谈话精神的鼓舞下,金阊区喊出了"拼搏三年,石路超观前"的响亮

千年阊门

口号。一片片低矮破旧的小店铺被推倒了,一幢幢大楼崛起了,不到三年时间,总建筑面积超过 30 万平方米的"金三角"商业中心形成了。

这个石路"金三角"商业中心有个"灵魂",那就是亚细亚集团。1994 年江苏亚细亚集团成立,对于石路地区有着举足轻重的作用。纵观今日之石路,20 余幢大楼,亚细亚集团占了一半以上;15 万平方米的营业面积,亚细亚集团占有半数;全区年营业额 20 多亿,亚细亚集团又是占有将近半数的份额。

据有关资料统计,1991 年时,石路商业区商业用房仅 2 万平方米,那么,一座亚细亚商厦,就等于增加了一个石路闹市区。

石路闹市区

今天,你从金门过南新桥折向北行,首先映入眼帘的是

九、重绘现代繁华图

七层高的文化用品大厦和自行车专业市场,与其毗邻的是老闾门金店、装饰大楼、南洋海鲜酒家、威尼斯商厦;继而进入石路商业区的中心地段,亚细亚广场和有着2万多平方米营业面积的亚细亚商厦,在它背后是百年老店近水台面馆,对面有义昌福酒店和南京美容院,西侧便是苏州精品商厦;在广济路上,有五洲大饭店、亚细亚饭店;在永福桥畔则有石路地区最早建造的商业大楼——汇丰商场。绕行一圈,你会得出这么一个结论:亚细亚集团在石路商业区拥有"半壁江山"。

七层高的亚细亚商厦造型别致,它的现代风格花园式结构给石路增添了一道亮丽的风景线。亚细亚商厦内部完全按照现代化国际商厦设置,设有自动扶梯、观光电梯、中央空调、背景音乐等设施。2~4楼备有顾客休息座椅;5楼为儿童游戏城;6楼为娱乐城。逛石路亚细亚商厦,无疑是一次极好的享受。当然,逛商厦主要目的在于购物,亚细亚商厦会让你高兴而来,满意而归。在这个综合性大而全、融现代化与大众化为一体的商厦里,不同层次的消费都能找到合适的柜台。尤为令人赞赏的是亚细亚商厦门前的广场,这个广场为市民提供了一个休闲娱乐的极佳场所。广场上还经常举办各类文化活动,成为金闾区乃至全市的广场文化活动中心。广场面积3 000平方米,中央建有喷水池,内有50盏彩灯,将飞溅的水柱渲染得美不胜收;5米高的花岗岩雄鹰雕塑,展翅长空,给人以石路腾飞的感叹;四周120平方米的花坛,构成了一个诱人的现代化商业购物环境。

千年阊门

亚细亚商厦是20世纪迈向21世纪的石路商业区的一个缩影。

有位散文家陈益,90年代末的一天傍晚,站在石路街头,觉得自己是站在了历史与现实的交叉点上,不由得陷入了沉思。沉思的结果,产生了一篇散文,题目就很美,叫做《在石路的霓彩中》。首先作者提到了徐扬的《盛世滋生图》(即《姑苏繁华图》),接着写道:

  今天阊门石路的繁华,其规模和档次已经远远超出了诗人、画家的想象。人们用雄伟的高层建筑、绚丽的霓虹灯彩和丰富的商品陈列,构成了立体的《盛世滋生图》。90年代阊门石路的风姿,更是前人难以企及的。

  我独自走在夜晚的石路,看银亮的灯光如瀑布似的从橱窗倾泻而下,选购到了中意的商品的顾客满面春风,平稳缓移的电梯,闪着镍光的家用电器,洋溢着温馨家庭气氛的广告招贴,无不让人感受到购物环境的文化品位。这里的几十家公司几乎都属于亚细亚集团,楼宇一幢比一幢高,门面一家比一家漂亮,为顾客服务的措施一条比一条贴切,不论是本地人还是外地人,在石路购物都会有由衷的放心感。即使像我这样仅仅是随处徜徉,做一个漫无目标的观光客,也会觉得是很好的享受。

  在石路的霓彩中,我凝眸沉思,如果不是大刀阔斧的改革,如果没有敢为天下先的勇气,石路的今天恐怕

九、重绘现代繁华图

还只是小店旧铺陋街,姑苏繁华梦依然只是在诗人的想象里。"追求是乐趣,风险是刺激。"这句话便是足以让我们震撼的警言了。

作者说得不错,若将清代的《姑苏繁华图》与今天的石路相比,小巫见大巫耳!我们用放大镜细阅徐扬的画,可以检见阊胥地段画面上有 14 家丝绸店的市招,其中最大的一家有 7 间门面。这在清代是非常气派的商家了,与今天石路上的商业大厦能同日而语么?更不谈街道之宽窄、灯火之明晦了。

石路之窄,在老苏州的印象中是很出名的。古城苏州的大街小巷,解放前都狭窄得要命,为什么老苏州不说其他街巷窄,惟独对石路"耿耿于怀"呢?因为石路上发生过两桩有关"新闻"。

两桩"新闻"都是死人引起的。

一个死人叫盛宣怀。盛宣怀是清末大臣,名气很响,苏州老老小小都知道他的。1916 年旧历十月初八盛宣怀在上海病逝,灵柩"发引"到苏,从胥门船埠上岸,往盛家私人花园"留园"暂厝。苏州人喜欢轧闹猛,盛家又是讲排场的,那天看热闹的人之多就不难想象了。苏州人几乎倾城而出,纷纷涌到大马路上看大出丧,石路的狭窄就触目惊心地来了一次大暴露。石路北端,与"鲇鱼墩"衔接通往吊桥、山塘街的三叉路口,街道特别狭小,形成"瓶颈",苏州人把它比作天平山的"一线天"。钻"一线天"平时是很有趣味的,但到了人挤人、人叠人、人满为患的这一天,就绝对不好玩了。非但不好玩,而且只要一根"火柴",就会闯穷祸。这种"火柴"随时都能出现,都会引起骚动,一骚动就会蔓延,一蔓延就乱得一塌糊涂。那天石路"瓶颈"就是这种状况,也不知是一件什么微不足道的小事引起了争吵,迅速升级到动手,周围的人很快就卷入了,成千上万拥挤在这里进不得退不得的市民慌忙避开这块是非之地,左冲右突夺路争道,于是形成了更大的混乱。混乱的漩涡一波一波翻滚,越来越汹涌,越来越喧嚣,只听见阊门外石路上空大哭小嚷,一片罗唣。可怕的灾难终于酿成了,等到人流疏散,地上躺着的还不计其数,全是被轧伤踏坏的。

苏州人也真是记性差,轧闹猛的秉性难移,后来又为一个死人重演了一场"瓶颈惨剧"。这次死的是个颜料巨商奚萼铭,也是在上海病故的,灵柩回苏大出殡,也是人山人海看热闹,于是,石路"瓶颈"人山人海再次发生大混乱,又是一大片轧伤踏坏的人躺倒在了这个地方。

当时的政府不知是财力匮乏,还是根本不关心民瘼,反正,对石路的狭窄熟视无睹。1922年一场特大火灾,将石路"瓶颈"及南濠街北口商店、住房烧毁一百余间,这个地方总算变得稍许宽敞些了。

石路的真正变成通衢大道,是在解放后,尤其是改革开放的年代。现在的石路,光是公共汽车就有3路、5路、6路、7路、11路、601路……如果石路还是过去的石路,这些公交线怎能开通?

公交车众多,小轿车经过的就更多了,还有更多的摩托车、自行车,现在的石路上,各种现代交通工具都有,不像以

九、重绘现代繁华图

前,只有呢轿、藤轿、马车、黄包车。现在要想展示石路这幅重绘了的"姑苏繁华图",一支画笔恐怕是难以描尽的,得动用摄像机了。现在的石路堪称动态姑苏繁华图。动态,恰恰是生命力旺盛的表现。

有人回忆过去的石路说:"昔日的石路虽店铺林立却破旧矮小,虽繁盛红火却管理无序,虽商品众多却缺乏品位,虽人流如潮却略显嘈杂。"这几句话将往昔的石路概括得很中肯,但是,我们觉得,石路的变化,市容一眼便能洞然,蕴藏在建筑物后面的更深的变化似乎尤须一提。

旧社会石路的一大标志是:烟、赌、娼。清末民初,供人吞云吐雾吸烟(鸦片)的场所叫"燕(烟)子窠",是公开营业的,旅馆里也供人吸烟吸毒。日伪时期叫"售吸所",一度叫"戒烟所",实际是官卖毒品,课征重税,为伪政府的重要财政来源之一。抗战胜利以后,国民党政府仍贯彻明禁实放政策。阊门外在解放前,是贩毒吸毒的大本营,民庆里、同乐坊、姚家弄都有烟窟,朱家庄形成了"十家三烟馆"的规模。赌在当时的阊门外更是遍地开花,旅馆里阔佬赌徒包了房间聚赌,马路上"套签子"、"三只牌"到处可见,乐荣坊有大赌场,小荒场有露天赌场,真是无街无赌,无巷无赌,阊门外的赌胜过苏州任何地段。胜过其他街区的还有一样,那就是妓院。阊门外妓院分上等、二等、三等。上等曰"长三",集中在鸭蛋桥、桃源坊、同春坊、民庆里;二等曰"幺二",都在公和里、小杨树里等处;三等就是俗称的"野鸡"了,在大马路一带路灯下拉客。日伪时期,阊门外开设"慰安所",娼业竟然也成了军国主义的工具。1940年之后,

千年阊门

"向导社"出现,这种变相娼妓由"跑街"到酒楼、旅社兜售生意,以每小时计价。总之,旧时石路周边纸醉金迷,藏污纳垢,石路地区的楼宇商号,怎能不浸淫在乌烟瘴气、世风败坏之中!

石路的污浊,是解放后清除的。这是不争的事实。现在,石路更以她健康而繁荣的姿态,向新的世纪迈进。现在你到石路去巡行一圈,你看到的路面是整洁的,河水是绿净的,驳岸上的每一盆花,都在向你诉说着人的精神面貌的巨大变化。这或许是今日石路更值得欣慰的一大硕果。

今日石路的建设者们,非常注意培植这个硕果,他们明白,人类的物质追求和精神追求相比,后者有着更持久的魅力和更广阔的天地。精神追求的很大一个成分就表现在文化上。所以,石路的改造一开始就给文化留出了突出的位置。1995年,坐落在阊胥路和石路交会处的威尼斯商厦开张,令人特别眼睛一亮的是,这个商厦在四楼开辟了一个楼层的图书中心!威尼斯商厦在全市零售商场中率先开办大型图书中心,获得了有识之士的嘉许。苏州是著名的文化古城,应该有与她相符的现代"儒商"。苏州的经济在全国占排头兵地位,经济越发展,人们追求知识的欲望越强烈。威尼斯商厦此举,带了个好头。在威尼斯图书中心,汇集了全国300多家出版社出版的20大类2万余种图书,吸引了众多顾客,于是出现了"倒金字塔"奇观。在一般零售商场,客流量大多集中在一二楼,楼层越高,顾客越少,威尼斯商厦却是相反,楼层越往上,顾客越多,四楼图书中心成了吸引人流的强磁石。威尼斯商厦成功了!

九、重绘现代繁华图

当然,纯粹从经济效益看,书的销售无论如何也是不能与皮鞋、服装相比的,但威尼斯商厦以社会效益为重,不但坚持图书经营,还经常举办作家签名售书、读者讲座以及书画比赛、高品位视听欣赏会等系列活动。威尼斯商厦用它的行为,代表石路的商家告诉我们,今天的石路经营者,定要让浓郁的书香飘满苏州这个黄金商贸地段。

不光一家威尼斯商厦,替石路增添文化含金量的商家还有的是,不妨再看看石路国际商城。这个坐落在石路商业区中心环岛上的气势宏伟、设施先进、功能齐全、装修豪华的商业大楼,经常赞助、举办一些没有商业功利目的的文化体育活动,如著名书画家赈灾义卖、老年节"金婚伉俪看金阊看成就";开展玩具拼搭、点心制作、绘画书法、卡拉OK、体育知识、象棋围棋和玩具赛车等比赛;时装表演、服装评比、文娱演出、乐队演奏、灯谜竞猜、征集对联、书赠春联、健康义诊以及各种展览会。

今天石路商家的良苦用心没有白费,石路确实已经让每一位顾客感受到了扑面而来的文化气息。有位年轻的顾客把他的感受写了下来,很美,美的环境衍生出的美的文字,给了我们美的享受:

> 走进石路商业区,高高矗立的商厦鳞次栉比。一座座造型各异的商厦,仿佛一个个音符,组成了一首凝固的交响乐。你听,威尼斯商厦播放着轻松、愉快的音乐;你看,亚细亚商厦门前的广场中心是一个喷水池,池中间是一尊雄鹰雕塑,喷出的浪花美极了;八面风商

千年阊门

厦高高矗立着,八面来风轻轻吹拂着;一阵风吹来把石路国际商城两扇正门中间的瀑布吹得如烟、如雾,把商城点缀得如水、如画。建设者们还特别注意行人歇息的地方,他们特意在亚细亚门前设置了演出广场;商业区中心设置了"梅竹书苑",给评弹爱好者提供了听书的场所……

在这位年轻顾客眼中,今天的石路处处美,随处可见的广告到了这里也变得美不胜收了,"大型电子显示仪,不知疲倦地眨着眼睛,这神奇的'消息眼'给我们带来了时代的信息,生活的启迪。"连普普通通的长布条幅广告、霓虹灯广告、不锈钢灯柱广告,放在别的街路上,人们或许懒得一瞄,但这里是石路,所以,这些广告也诱得他"目不暇接,眼花缭乱",喜悦之情溢于眉上。商城里的一件件工艺品,气势恢宏的山水画啦,小巧玲珑的双面绣啦,更使他爱不释手,欣赏不够。夜晚降临了,"各商场透明的玻璃大门内外灯火通明,不锈钢门柱在灯光的折射下熠熠生辉;随建筑轮廓线装置的彩灯闪烁着五彩光芒,充分展示了商业区的风采。"惹得他依依不舍,忘了回家。

今天的石路就是这样魅力无穷。

十、相聚南浩街

我手头有本小册子,是江苏亚细亚集团编的《南浩十八景》。这本册子巴掌大,薄薄的,但是,你若有兴趣把它翻阅一遍,等于你在苏州阊门外这条很有名气的街道上蹓跶了一回,南浩街到底为什么吸引人,你就心中有数了。

这本小册子有个"代序",江苏亚细亚集团董事长龚国钧写的,概括了南浩街的过去与现在,介绍甚翔实,文笔也不错,值得抄录下来:

"上有天堂,下有苏杭。"如画般的苏州风物清嘉,人杰地灵,"山温水软似名姝"。位于城西阊门外,傍临虎丘、留园、西园、寒山寺等风景旅游区的石路商贸地,更是"天下一二等富贵风流之地"。

紧邻石路商贸区,有条自古以来就是黄金地带的南浩街。东傍护城河,南

千年阊门

接金门路,西邻石路商贸区,北连老阊门,为南浩街北段,是阊门石路的组成部分。这里不仅历来是商贾云集、热闹繁华的商贸区,而且隐含着极其丰富的历史文化积淀,充满着浓厚的文化气息。由于历史原因,几经盛衰,历经沧桑,道路拥塞,设施陈旧,破旧危漏房屋随处可见。由于地势低洼,每逢汛台季节,河水倒灌,房屋受淹,居民叫苦不迭。在苏州市委、市政府和金阊区委、区政府的亲切关怀下,南浩街北段被批准列入解危安居实事工程,由江苏亚细亚集团承担开发建设。

南浩街北段解危安居工程规划用地6.4万平方米,实际建设用地4.5万平方米,其中建筑用地占36.7%,道路、广场用地占27.5%,绿化面积占35.8%,建筑面积7万平方米,总投资2.5亿元人民币。

时经一年多,南浩街北段闹中取静、优雅别致、造型精美、套型实惠、价格适中的11幢360套住宅房已经拔地而起,这里实施全封闭、全方位现代化物业管理,是人们极为理想的居所;沿河建600米商业街,以二三层为主的店面房,设计科学,适用性强,可供经商、办公等各行各业选择,且店与店相联,路与路相通,为黄金宝地。如此黄金地带必能产生黄金效益。有千年历史的神仙庙,已移建在这里,一年一度的"轧神仙"庙会即在此举行。同时,这里配置了金阊亭、八仙群雕、姑苏名人馆、状元亭等十八个景点,"以景引人","以店迎客",这里人气足、生意兴,成为名副其实的集购物、休闲、饮食、服务等功能齐全的、高雅而又实惠的"天下

十、相聚南浩街

一二等富贵风流之地"。

　　根据规划设计,一色的仿古建筑,错落有致,收放有度,线条平缓流畅,轮廓柔和清晰,清、雅、淡、素的苏州建筑艺术特色,呈现出江南典型的水乡风貌。同时,引进现代化设施,供电、供水、供气、通讯、有线电视、排水、排污、路灯等管网全部到位,24小时集中供热水系统将带来更多方便;主干道与次干道全部铺石板路,沿河曲径铺砌鹅卵石,河埠码头开辟水上旅游线,街边、绿地之处,峰石巧峙,绿化点缀,或栽翠竹数竿,或植芭蕉一丛,或立山石一二,若隐若现,层次丰富,诗情画意尽在其中;河畔驳岸重筑,栏杆雕花,码头卧波,河边垂柳依依,花坛绣岸,水乡美景一览眼底。而今的南浩街,重现繁华的商业景象,更显尽小桥、流水、人家的水乡城市风貌,成为人间天堂一幅新的、更为壮观的《盛世滋生图》,成为一颗更为世人瞩目的璀璨明珠。

南　浩　街

作者把南浩街说得如此的花好桃好,究竟好到什么程度,让我们到南浩街去走一走,看一看。

看这条新南浩街的十八景。

首先引起你兴致的,恐怕会是葫芦庙旧址。这个葫芦庙,可是了不得,由于它的存在,引出了中国最伟大的一部小说《红楼梦》。《红楼梦》中有个甄士隐,就住在这个葫芦庙旁边。还有个贾雨村,穷极潦倒,一度借住在葫芦庙。甄士隐有个女儿英莲,给拐子拐了去,卖给了呆霸王薛蟠。这个薛蟠就是薛宝钗的哥哥。英莲成了呆霸王的婢妾之后改称香菱。贾雨村这时候已中了进士,做了知府,他有这份俸禄,全靠甄士隐接济了他五十两银子,他才有赶考的盘缠。可是,薛蟠为夺英莲打死了人,案子到他这个贾太爷手里,他完全有能力解救恩人之女,他却为了巴结"金陵四大家族",宁肯枉法,偏袒薛蟠,只管让英莲落入呆霸王的火坑中去。这么一个角色,后来的贪赃纳贿便是情理中的事了,终于被人参了一本,遭到革职的处分。贾雨村的革职,在整部《红楼梦》中虽是个小事件,但由此而让他碰到冷子兴,引出冷子兴演说荣国府,又使这个贾雨村攀上巡盐御史林如海,做了林家塾师,继而将林如海之女林黛玉送往贾府,《红楼梦》的故事才得以真正展开了。因此,不妨说葫芦庙是《红楼梦》的一个药引子。那么,这个庙虽不大,名气却是很响的。此庙当真是在南浩街吗?

江苏亚细亚集团在实施南浩街改造时,从地下挖掘出一块长1米多、宽75厘米、高25厘米的石头,石面刻有"悟石"及字迹模糊的"××于葫芦庙"字样,据当地老居民称,

十、相聚南浩街

曾听祖辈讲,葫芦庙未遭烧毁前,庙里有一棵参天银杏,"悟石"就是放在这棵银杏树下的。看来,有实物为证,曹雪芹写进《红楼梦》的葫芦庙,的确是在南浩街了。中国读书人,少有不读《红楼梦》的,不识字的人,也几乎没有不知道贾宝玉林黛玉的,所以,凡是中国人,到苏州不到南浩街来瞻仰瞻仰这个葫芦庙旧址,简直有数典忘祖之嫌了。即便外国人,也一定是要到南浩街来瞧瞧这个热闹的。

还有一处遗址,也会引起游客的浓厚兴趣,就是《玉蜻蜓》主人公故居遗址。苏州评弹的经典之作《玉蜻蜓》,我改编过,是由江苏人民出版社出版的。所以,这个故事我十分熟悉。《玉蜻蜓》有几条故事线索,我们拣条主线介绍一下。故事讲述的是南濠街富豪金贵升(即申贵升)娶吏部天官张国勋之女为妻,书中称为金大娘娘。金贵升嗜好寻花问柳,夫妻关系不睦。一日,金贵升出游,游途中开溜进了法华庵,那儿有个年轻美貌的尼姑智贞,金贵升与智贞一见钟情,便留宿庵中,不想归家,谁知偶染风寒,竟至一病不起。金大娘娘遍寻无着,只得活守寡。智贞云房产子,尼庵岂敢留养,没奈何,襁褓中裹血书一封,连同金贵升遗物玉蜻蜓扇坠,托老佛婆深夜送往金府。老佛婆桐桥受惊,弃婴于桥堍,为豆腐店主朱小溪拾去。豆腐店火烧,朱小溪将这个婴孩卖给了离任的苏州知府徐上珍。徐氏无嗣,将此子视同己出,取名元宰。这个元宰,历史上实有其人,真名申时行,做过明朝宰相。徐上珍因赈灾亏空库银,向富甲吴中的金府借贷,金大娘娘见元宰容貌酷似金贵升,将其收为义子。16年后,元宰得中解元。端午节,金大娘娘观看龙舟竞渡,

千年阊门

偶见朱小溪之妹朱三姐扇子上系有玉蜻蜓,经查询,得血书,命元宰详书,元宰详出自己生母为法华庵尼智贞,于是庵堂认母。金大娘娘得知元宰系金氏之后,迫其复姓归宗,金、徐两家厅堂夺子,最后以元宰兼祧金、徐两家香火,风波平息,大团圆结局。你看看,这个故事多么曲折动人,你到南浩街,往那金家故居遗址前一站,耳畔岂不叮叮咚咚犹有琵琶响起么!

南浩街现在吸纳游客众多的,还有一座神仙庙。神仙庙原名福济观,又称吕祖庙,南宋淳熙年间建于阊门下塘街。这个道观,供奉的是传说中的八仙之一吕纯阳。吕纯阳,就是俗语所说的"狗咬吕洞宾,不识好人心"的吕洞宾,可见老百姓是把他当个好神仙的,所以肯用香烛果品供他。也不知是谁推算出来的,吕洞宾的生日是农历四月十四,这一天苏州人都要去轧神仙。民间传说,这一天吕仙人会化身乞丐、小贩,混在人群中,谁额骨头高正巧给他碰到,谁就交好运。仙人是不大容易碰到的,于是就有人在神仙庙里随便买点什么东西,说是这一天神仙庙里的任何东西都沾上了仙气,买回家去只有好处没有坏处。这一天神仙庙所卖之糕叫神仙糕,花叫神仙花,鸟叫神仙鸟,连个乌龟也叫做了神仙乌龟,小贩们开心死了。这一天神仙庙摊位密密麻麻,庙里挤不下,摆到庙外,一条下塘街也容纳不了,延伸到皋桥两头东、西中市,苏州人形容起来,真正的"闹猛得一塌糊涂"!

神仙庙建成至今,800多年了,因年久失修而屋宇破败,加上阊门下塘街巷深路窄,一到轧神仙的日子就有不安

十、相聚南浩街

全隐患,移建到南浩街不失为一个明智之举。因神仙庙的搬迁,苏州人有些争论,其实,庙宇迁移也是常有的事,泰伯庙历史上就动迁过。泰伯庙东汉初年建在阊门外,五代吴越时才迁到阊门内下塘的。泰伯是吴国的鼻祖,在苏州地位之尊无人敌得,泰伯庙都可移,神仙庙有什么迁不得?

南浩街北端,阊门吊桥西堍的新神仙庙,占地500平方米,坐北朝南共为三进,头进为正山门,东侧供奉慈航,西侧供奉财神;过庭院为正殿,供奉吕纯阳等神像;殿后两层楼为附房,整个建筑具有浓厚的宗教文化特色,粉墙黛瓦,飞檐翘角,花边滴水,屋脊筑以鱼龙吻脊,南面书"风调雨顺",北面书"国泰民安",四周飞檐翘角处饰以狮子等吉祥物及护神像,工艺精湛,形态逼真,栩栩如生。南浩街神仙庙中"风调雨顺,国泰民安"八字,很有讲究,很有意思,很可玩味,这是百姓最基本最普遍最朴素也是最大的心愿,神仙或许同样祈求这八字的兑现吧?否则,有谁来供他。何况,在南浩街建起新神仙庙的同时,还耗资近百万搞了个"八仙群雕"。吕洞宾的七位朋友汉钟离、张果老、韩湘子、铁拐李、曹国舅、蓝采和与何仙姑,也逗留在这里不想走了,跟他朝夕相处,不亦乐乎。"八仙群雕"作为南浩街的标志性建筑之一,寄寓各行各业,各家各户,各显神通,大显身手,使事业兴旺发达,家庭和睦殷富,社会健康进步,用意确实挺不错的。

开发南浩街的人,也真是很有办法,还挖掘出了一个林则徐禁烟处。这就不仅是一般的旅游资源了,且有不小的历史价值。林则徐因为禁鸦片,成了民族英雄。这位民族

千年阊门

英雄的禁烟壮举,发源竟在苏州南浩街,这个历史事实任何人都不会认为是个小事情。清道光三至四年(1823~1824年),林则徐任江苏按察史(相当于今天的省司法厅长);道光十二年至十六年(1832~1836年),林则徐任江苏巡抚(江苏的最高行政长官)。两次任期相加,林则徐在苏州一共呆了7年。7年里林则徐当然做出了不少的政绩,但最让人津津乐道的是他在这里的禁烟处。

林则徐这个关系到中国近代史大转折的念头,是在南浩街触动的。

林则徐爱好微服私访。凡清官,十个有五双喜欢微服私访,这个现象很值得研究。起码,可以研究出中国官场如何的善于封锁民情、层层欺瞒、弄虚作假、粉饰太平。中国官场几千年的造假艺术已经到了铁幕重重、通体入骨的超高水平,影响是极其巨大、恒久的。而微服私访,虽然不是治本,仅仅治表,但总比不做为好。林则徐做了,发现了一个大问题。如果他不换上便衣,悄悄地跑到南浩街,他不会发现这个问题已有多严重。

林则徐塑像

十、相聚南浩街

林则徐在南浩街发现了许多大烟馆,发现每爿烟馆都挤满了吞云吐雾的瘾君子。这一发现,令林则徐皱起了眉头。

在他亲自看到这种场景之前,他的下属只告诉他南浩街有多少绸缎铺、百货店,交多少赋多少税,偶尔也提及烟馆,却竭力要让他相信是治病的。林则徐将信将疑,不事张扬地前来实地考察,考察的结果,绸缎铺、百货店的情况不假,烟馆的危害却完全被掩饰了。

林则徐非常痛心,决心严厉整治,关闭烟馆,捉拿烟贩,在苏州南浩街写下了他禁烟的最初一笔,为两年后他奏请道光皇帝下谕禁烟提前演练了一回。南浩街现在能看到的林则徐禁烟处,忠实地记载了当年那段史实。

南浩街的历史遗陈还有几处,如万人码头。"苏州通"说,万人码头老早辰光不叫万人码头,叫"犯人码头"。犯人码头,这个名字要多难听有多难听,怎么别的名字统统不叫,偏偏叫这么一个触足霉头的名字呢?"苏州通"有个解释,说清代江苏臬政司官署设在苏州,全省刑事案件中的大案、要案、上诉案件,均要上解到苏州来复审,这个码头就是江苏各地由水路押解犯人来苏的专用码头。后来交通工具发展了,改由陆路押解犯人到苏州,这个码头不再使用,当地居民为了避邪趋吉,把"犯人码头"改称为"万人码头",并以此名作巷名。"苏州通"的这个解释也是一说,姑且立此存照。不过,我们查究有关资料,知道明代,至迟清代中叶以前,"天下有四聚:北则京师,南则佛山,东则苏州,西则汉口"。既为"四聚",水陆交通肯定是非常发达的,苏州自然

千年阊门

如此,故而,"天下商品'大码头'共十余处,苏州一地竟有枫桥、南濠两个"(王国平、王卫平《市镇勃兴与苏南城镇群体的形成》)。堪称"大码头"的都市,当时全国仅十多个,苏州占了至少六分之一!再看当时的苏州"大码头"和一个个的"小码头",真正称之为码头的基本上都集中在阊门外,南濠街是主要的码头区。当时水陆交通十分繁忙,沿河设置码头很多,凡商店后门沿河的,为了上下水方便,都建有自己的码头,但不属于苏州人常提到的"六码头"范畴。阊门"六码头"是指:南码头、北码头、太子码头、万人码头、丹阳码头和盛泽码头。南码头和北码头以地理方位命名,分别处于吊桥南、北面。太子码头在这两个码头中间,是官宦专用码头。丹阳码头和盛泽码头均以商人籍贯命名。万人码头原名"犯人码头",从这名称就知道这个码头是什么人专用的了。六个码头都曾是南来北往货船泊锚处,早已废弃,重建的万人码头可供游人寻踪当年兴旺的水运情状。现在的万人码头,驳岸重筑,一排花岗石栏杆逶迤起伏,气势雄伟,岸边栽树植花,配置石凳,以供游人休憩赏景。万人码头替游客想得真周到,难怪它如今虽然运输功能早已消退,但每天仍有许多的人在这儿逗留。

万人码头,扩大来说是南濠街,如今已不再具有早年的运输功能了,但另有一个新的功能,对它来讲绝对胜任,就是旅游功能。据《苏州南濠十八景》这本小册子介绍,以南濠街为起点的水上旅游线,情况如下:

苏州南濠街傍依护城河,古有"烟水吴都廊,阊门

十、相聚南浩街

驾碧流。绿杨深浅巷,清翰往来舟。朱户千门室,丹楹百处楼"的诗篇描绘了阊门南浩街水乡风光的优美景色。

而今,南浩街北段经江苏亚细亚集团改造建设之后,又重现了"门前石街人履步,屋后河中舟楫行"的水乡风光。因着南浩街北段的水上旅游优势,也为着满足人们回归自然,再度体味阊门"红尘中一二等富贵风流之地"的繁华街市和旖旎的河上景色,开辟了南浩水上旅游线。

南浩街北段河道介于阊门吊桥与金门南新桥之间,河面开阔,水流平缓,河岸逶迤,驳岸重筑,码头重做,栏杆重凿,形成了独具魅力的水上旅游码头。凭借水的优势,这里可停靠各色大小游船,游船装饰精美,悬灯设彩,舱内桌椅典丽,设备精雅,游人集于船舱,或品茶赏景,或弹唱自娱,或玩牌弈棋,或聚友宴饮……其乐无穷,备感风雅。船上设有船菜,备有酒茗肴馔,河鲜海味,山珍野蔌,供客挑选,还有时鲜果品,苏式风味小吃等特色"船点",任客品尝。每到暮色初降,船灯齐亮,与月光波影相映,吴歌声起,弦声盈耳,助游客贵宾雅兴,真个"世间乐土是吴中,内有阊门又擅雄"。

南浩水码头还开辟数条水上观光旅游线,通往各大园林、游览胜地。行舟古城水巷,饱览水乡城市风貌。游客可任选游船,任选游线,也可自备果品肴馔,载酒以游。如在船上举行婚礼寿庆、小孩满月、朋友聚会,更具浪漫色彩和豪放典雅之美。

千年阊门

接下来,列举四条水上旅游线。每条线都值得一游,每个景都值得一看。首先,看看山塘虎丘旅游线。山塘、虎丘,我们非常熟悉了,但是,再看看南浩水上旅游的介绍文字,或许也是一种享受。且听:

> 从南浩码头登船向北进入山塘河,山塘街长七华里,古称"七里山塘",是白居易任苏州刺史时所筑,故又称"白公堤"。这里名胜古迹丛集,风俗民情浓厚,民居古朴,古建临流,小桥卧波,花坛绣岸,可谓"七里长堤到画屏,楼台隐约柳条青,山云入座参差见,水调行歌断续听,隔岸飞花拥游骑,到门沽酒客船停",景色十分迷人。船到望山桥,登岸上虎丘,更是处处是景,引人入胜,亭台楼阁,溪流山石,都镌刻着委婉动听的传说,让人心旷神怡,留连忘返。

这段文字很简练,却把从阊门南浩街到石路的主要特色写出来了,而且是扣住水来写的。让我们再往下看,看看留园枫桥旅游线。

> 南浩码头登船,向北折西,穿过渡僧桥、广济桥,便是留园。园不大,却是园中有园,迂回曲折,深奥莫测,达到了以小胜大,"虽居城市而有山林之趣"的艺术效果,吸引了众多的中外游人。留园近旁是西园戒幢律寺,气势雄伟,更有全身五百尊罗汉像形态各异,栩栩如生,为江南绝无仅有。西园向西,穿过明代所建的上

十、相聚南浩街

津桥、下津桥,直抵"画桥三百映江城,诗里枫桥独有名"的枫桥。枫桥东堍是铁铃关,关垣厚实,关门坚固,敌楼巍然屹立,显示了江南水乡关隘的特点,印刻着苏州人民抵御倭寇盗贼的光辉历史。走过枫桥小镇,便是寒山寺。唐代诗人张继一首"月落乌啼霜满天,江枫渔火对愁眠,姑苏城外寒山寺,夜半钟声到客船"的千古绝唱《枫桥夜泊》和那每年除夕夜半一百零八下钟声,早已吟遍全球,响彻中外。

胥门盘门旅游线对于我们而言,比较新鲜,看看关于这条旅游线是怎么介绍的。

    南浩码头泛舟向南,便是古有"金阊门,银胥门"之誉的姑苏又一繁华区域胥门。古城墙经整修后又雄姿再现。过万年桥顺流而下,进入京杭大运河,折东便是由气势雄伟壮观的古盘门、绰约多姿的瑞光塔、古朴明丽的吴门桥组成的"盘门三景",三者由滔滔的大运河联结在一起,成为以水为中心的完美整体。"盘门三景"向东南,经觅渡桥,一座全长三百十七米、五十三孔的宝带桥卧于澹台湖旁古运河畔,此桥始建于唐代,桥身之长,孔洞之多,结构之精,造型之美,实属罕见。

第四条旅游线也很新鲜,是水巷环城旅游线。这条旅游线得以开辟,全赖近几年古城河道的大力整修。可以把这条旅游线看做苏州的生态旅游线。外国游客,对这条旅

千年阊门

游线的兴趣大大高于我们自己的同胞。

> 由南浩码头上船入城,一路水巷逶迤,烟波漾漾,石桥比比,古建临流,驳岸挑石,人家枕河,满目小桥、流水、人家,游客如置身于"船在波上游,人在画中行"的美景中。游船悠悠逐流,将游客送达北寺塔、拙政园、狮子林、耦园、双塔、网师园、沧浪亭、文庙等姑苏各个名园,尽享"人间天堂"之乐,饱赏古城苏州之美。

这段介绍文字,似嫌抽象了些。我们不用"空洞"这个词,因为无论谁来写这条旅游线,都只能"空洞",留下的一处处"空洞",要游人自己去填满,游人乘舟一条条河浜去转,去领略两岸的风光,待到一大圈转过来,心中自然就会给水城苏州难以形容的美填满了。如此说来,抽象些也就情有可原。

南浩街是古老的,又是年轻的。古老在于承袭,年轻在于创新。南浩十八景中,另有两处完全是新建的项目,"姑苏名人馆"和"状元亭"。都说苏州人杰地灵,得天独厚,英才辈出,灿若群星,现在南浩街建了这么一座"姑苏名人馆",把2500年间苏州哲学、经济、司法、行政、教育、文学、农桑、理工、医学等卓有成就、口碑上佳的人物,或与苏州渊源较深的贤才,拣一部分出来,供人瞻仰,实在是件很有意义的事。在这个名人馆中,仲雍、伍子胥、孙武、言偃、朱买臣、孙权、左思、张翰、王献之、韦应物、刘禹锡、白居易、陆龟蒙、范仲淹、范成大、韩世忠、文天祥、张士诚、黄公望、倪瓒、

十、相聚南浩街

蒯祥、王鏊、魏良辅、顾鼎臣、金圣叹、顾炎武、孙云球、王锡阐、朱柏庐、叶天士、洪钧、俞樾、陆润庠、沈德潜、章太炎、柳亚子、李根源、叶圣陶……榜上有名。这些人中的绝大部分,都对我们这个民族作过重大贡献。这些人应该纪念,应该有个场所供人们一代代参观,一代代吸取精神营养。南浩街出现这么一座名人馆,是做了件大好事。

"状元亭"则是另一回事了。状元也是人中尖子,尤其是读书人中的尖子,但是,状元不一定对社会有很大的贡献。我们不一定要纪念状元,只是因为苏州出的状元特别多,这个现象值得研究,所以,搞个"状元亭"也无不可。再说,从旅游的角度讲,多一处供人游览的景点,也是受欢迎的。

有人据《登科记考》、《文献通考》、《宋历科状元录》、《明清进士题名碑录索引》、《太平天国科举考试纪略》等资料统计,自唐至清(包括五代十国、辽金、太平天国)的近1300年间,共有文状元596名,苏州出了45名,占总数的7.55%;自宋至清,共有武状元115名,苏州出了5名,占总数的4.35%。尤其是清代,苏州状元的数量达到了登峰造极的地步。自清世祖顺治三年(1646年)开科取士,至光绪三十一年(1905年)废科举,前后260年,共出状元114名,江苏出了49名,为全国之冠,苏州状元26名,状元数则占了江苏状元数的53.06%,占了全国状元数的22.81%!苏州由此获得了"状元之乡"的美誉。考其原因,一是经济富庶繁荣,导致民俗好学成风;二是社会比较安稳,为安心研习科举创造了优越的条件;三是苏州乃文物之邦,教育发达,苏州又

千年阊门

是吴文化发源地,江南文化中心,故而人才济济,竞争力强;四是苏州书香门第多,家学渊博,为科举创造了独特的条件;五是苏州藏书丰富,为读书学习应试科名提供了良好的条件。这种分析,不无道理,对今天来讲,还不失借鉴意义。南浩街造个"状元亭",也就不是多此一举了。

总而言之,现在的南浩街是很应该去走一走,看一看的。南浩街有十八景,不会让你觉得白白浪费时间的。

21世纪的阊门南浩街,定会越来越繁华!